阅读日本
书系

福利政治
日本的生活保障与民主主义

〔日〕宫本太郎 / 著
周　洁 / 译

社会科学文献出版社
SOCIAL SCIENCES ACADEMIC PRESS (CHINA)

FUKUSHI SEIJI – NIHON NO SEIKATSU HOSHO TO DEMOKURASHI
by MIYAMOTO Taro
Copyright © 2008 MIYAMOTO Taro
All rights reserved.
Originally published in Japan by YUHIKAKU PUBLISHING CO., LTD., Tokyo.
Chinese (in simplified character only) translation rights arranged with
YUHIKAKU PUBLISHING CO., LTD., Japan
through THE SAKAI AGENCY.

本书中文简体版根据有斐阁 2008 年版译出，版权所有。

阅读日本书系编辑委员会名单

委员长 谢寿光　社会科学文献出版社社长

委　员 潘振平　三联书店（北京）副总编辑
　　　　　张凤珠　北京大学出版社副总编辑
　　　　　谢　刚　新星出版社社长
　　　　　章少红　世界知识出版社副总编辑
　　　　　金鑫荣　南京大学出版社总编辑

事务局组成人员
　　　　　杨　群　社会科学文献出版社
　　　　　胡　亮　社会科学文献出版社
　　　　　梁艳玲　社会科学文献出版社
　　　　　祝得彬　社会科学文献出版社

目 录

序 001

导言　日本的福利政治
　　——为何成为问题、应该怎样论述 001

第1章　福利体制与雇佣体制 008
1　为何要谈福利体制 008
2　何为雇佣体制 016
3　福利体制和雇佣体制的合作 022
4　日本的福利体制与雇佣体制 024

第2章　如何认识福利政治 027
1　福利政治的诸次元 027
2　作为利益动员的福利政治 030
3　作为话语政治的福利政治 034
4　如何认识制度的变迁 040
5　战后福利政治发展的三个阶段 043

第3章　20世纪六七十年代的福利政治
　　——雇佣体制和福利体制的形成与联合 048
1　福利体制框架的形成及相关言论 048
2　雇佣体制的形成 055
3　福利体制的扩大 065
4　福利体制、雇佣体制与政治的对立轴 071

第4章　20世纪80年代的福利政治
　　——福利体制的削弱与雇佣体制的拥护 074
1　"日本型福利社会"论与《前川报告》 075
2　福利体制的削弱 080
3　税制改革 088

001

4　雇佣体制裂痕的扩大..092
　　5　看不见的利益诱导..095

第5章　20世纪90年代后期以后的福利政治
　　　　——雇佣体制的解体与福利体制的重组............100
　　1　"结构改革"的时代..101
　　2　"过度的平等社会"论和"差距社会"论..............104
　　3　雇佣体制的动摇及其归宿................................108
　　4　福利体制的重组Ⅰ——抑制和削减...................113
　　5　福利体制的重组Ⅱ——普遍主义改革...............120
　　6　福利体制重组的障碍....................................128

第6章　生活政治的可能性
　　　　——超越分割式政治...................................131
　　1　分割式政治..131
　　2　新的生存困难..135
　　3　生活政治与新的政治对立轴..........................137
　　4　福利政治的刷新..144

后　　记..148

参考文献..151

致进一步阅读的读者..168

人名索引..174

事项索引..176

序

在很久以前的日本，很难说社会保障、福利是活跃在一线的工薪阶层以及大学生们所关心的话题。在雇佣和家庭都相对稳定的年代，虽然社会保障、福利一般都指"好事"，但他们也认为将其与自己挂钩为时尚早。

但是，时代发生了巨大的变化。

近年来，几乎没有大学生会再认为只要设法拿到内定指标、挤进一家稳定的公司、成立幸福的家庭，剩下的事就顺理成章了。2004 年由经济团体联合会（以下简称"日本经团联"）举办的"高级管理层的问卷调查"（以 2019 家企业为对象）的数据显示，"今后以长期雇用为中心"的企业仅占 29%。少数的精英职场充满压力，因过度劳累造成的劳动灾害认定在不断增加。

那么，虽然从事非正式工作、打零工也能无忧无虑地生活，但非正式员工与正式员工的待遇差别过大。雇佣环境极其不稳定（precarious）的人群被称为"不稳定无产者"（precariat）。无论怎么努力工作生活都富裕不起来、年收入在 200 万日元以下的工薪阶层被称为"工作穷人"。2006 年国税厅的数据显示，这一人群的数量达到了 1022 万人，四个工薪人员中就有一个是"工作穷人"，而且其中七成以上是女性。根据 2007 年厚生劳动省的调查数据显示，在网吧过夜的"网吧难民"有5400人。另外，为了节省在一晚上不到1000日元的网吧、快餐店过夜的"麦当劳难民"也在不断增加（雨宫，2007）。

处于困境的不仅仅是年轻人，越来越多的处在育儿期的家庭主妇为了寻找能够共享烦恼、提供建议的伙伴而奔走在各个地区的组织团体之间，她们甚至被叫作"保育吉普赛人"。护理保险的改革导致疗养型病床不断减少，日本医师会预测"护理难民"将达到4万人。

在这个表面看来富裕的国家，被叫作"穷人""难民"的人群却正在增加。有太多的人漠然面对各种"生存困难"，无法持续工作，难以维系与社会的联系。

在近年的国政选举中，以养老金为首的社会保障问题上升为执政者们最关心的议题，差距问题也成为争论焦点，或许这是理所当然的。人们所面临的风险与不安实属结构体制上的问题，要想通过个人解决是很困难的，只有通过政治才能找到解决的途径。

到底发生了什么？关于社会保障与雇佣，人们对政府究竟有什么样的要求？日本的政治又将如何解决人们的生存困境？

日本的政治与社会正陷于一种极其胶着的状态，这是我们最先察觉到的一个事实。首先是政治无法脱离窘境。进入21世纪之后的几年里，在前首相小泉的积极倡导下，日本掀起了改革热潮。许多人期待通过市场改革彻底清除一直以来困扰着日本社会的利权，使日本再现活力。但是经过小泉、安倍两届政权的改革，人们逐渐意识到差距的扩大与生活的不安。高喊改革口号已很难再赢得人们的信赖。尽管如此，人们也不希望恢复以往的利益诱导型政治。

序

如上所述，在缺乏长远考量的状态下，日本政治变成了不断忙于提升当前支持率、政敌之间针锋相对的政治。

面对这样的政治，人们在感到不安的同时也抱有不满，社会舆论本身又充满了矛盾。在这里介绍一下笔者于2007年秋季进行的全国舆论调查的结果。在被问到"日本将来应变成什么样的社会"时，58.4%的人选择了"像北欧一样重视福利的社会"。另外，31.5%的人期待着"像以前那样重视终身雇佣的社会"，只有6.7%的人回答"像美国一样重视竞争与效率的社会"（山口、宫本，2008）。

但是，当被问到如果就以这些方向为目标的话，作为出发点的日本体制有哪些地方需要改变时，选择"像北欧一样重视福利的社会"的人中，将近三成回答"应减弱官方的力量"。当被问到"应如何确保社会保障的资金来源"时，同样有46%的人提出了"进行彻底的行政改革"。由此可以看出，人们似乎在期待通过"小政府"的出现来实现北欧式的福利国家。尽管不论从公共支出的数目来看还是从公务员的人数来看日本都已经是小政府了。

说得再通俗一些的话，其实是"对行政充满不信任感的福利意向"在社会舆论中已根深蒂固。媒体也有同样的倾向，当"工作穷人"等问题受到关注后，媒体会博取同情、请求支援；而当政府预算中的支出并未减少时，又提出"阻碍了改革"等来忠告政府。

很明显，社会舆论和媒体的这种倾向与政治的停滞不前是紧密相连的。在保障体系（safety net）不断瓦解的同时，对行政的强烈不信任感也在不断加深，日本的政治与社会陷入了停滞状态。

如何才能打破僵局？无论提出何种解决方案，在此之前都有必要解明这种胶着状态是如何产生的。本书将从福利政治的视点探讨、思考战后①日本的生活保障与民主主义。在战后的日本，人们的生活保障是以怎样的形式实现的？政府向人们承诺了什么？这种承诺又实现到了何种程度？

　　生活保障由社会保障和雇佣保障构成。但日本的生活保障却是在抑制社会保障支出的情况下，由公共事业和行业保护对工作进行分配而实现的。因此，政府对于社会保障中收入的再分配，不得不制定明确的规则。而工作的分配却由带有裁量性的行政机构和政治家通过斡旋来进行，从而导致各种利权的增殖。20世纪80年代以来，每当城市里的中产阶级对政府的不信任感加深时，执政党就会承诺率先推进行政改革，而另一方面执政党又继续进行利益诱导。

　　其后，随着全球化的进展，这种工作分配机制陷入了机能不全的处境。同时，伴随着老龄化程度的加深，基本公共保障的必要性也越发显现出来。但当时人们已失去了对行政的信任，也已感觉不到税收在不断地支持人们的生活。就这样，舆论中"对行政充满不信任感的福利意向"日益强烈。

　　无论如美国一样重视市场，还是像瑞士一样重视再分配，在福利和雇佣政治中一些公共理念不可或缺。对此本书并不是要分析日本的福利政治如何根据一些理念、原则调整人们的利害关系，而是要明确利用了这种对立与分裂的政权在维持战略中始终贯彻的是什么。现在的胶着状态首先是由政治造成的，因此要想找到突破途径，摆脱分裂的政治是不可缺少的。

---

①　战后即第二次世界大战结束后。——编者注

导言　日本的福利政治

——为何成为问题、应该怎样论述

　　福利政治是围绕生活保障的政治。这里所说的生活保障主要包括两方面：一是社会保障，即社会保险、公共扶助、社会服务；二是雇佣保障，即实现雇佣的相关政策（加藤，2001）。

　　全球化和老龄化的进展改变着人们的生活。在日本，人们对年金[①]、差距、雇佣等问题的关心度越来越高。与此同时，近年来福利政治也迅速上升为政治的中心。尽管如此，就如何推行日本的生活保障，政党却一直无法给出一个明确的方向。日本在朝两大政党制度化方向发展，而原本应该是优点的政策对抗却没有发挥应有的功能。对于民众来说，投票的选择项一直以来极其有限，与生活息息相关的内容没有成为政党之间的争论点，于是就产生了一种根据缺点来投票的状况。

　　虽然舆论对这种状况很不满，但如"序"中所提到的那样，其中充满窘境和困难。虽然人们期待生活保障和基本保障得到强化，但对行政能否把征收的税金都很好地用在此方面存有异议，因而人们无法再相信行政，于是就干脆要求削减、节约行政支出。但这样做并不能满足人们的福利需求，反而有可能使政府削减公共服务以及保障收入的经费。

[①] 年金即养老金。——译者注

这样一来，人们对国家和自治体提供的生活保障更加不抱希望了。由此形成了恶性循环。

舆论的窘境原本就来自政治和行政，而这次又反馈到政治，强化了其胶着状态。

应该明确的事项

如何解开缠绕在一起的线并打破胶着状态，并找到解决这一问题的线索，必须深思以下几点。

（1）首先，我们要对日本的生活保障制度体系有一个宏观的把握。生活保障的两大支柱——社会保障和雇佣保障——经常被分开论述。但是，尤其像日本这样的情况，把握二者的关系是非常重要的。

战后很长一段时期日本在社会保障方面的支出不大，也就是说，日本是一个小福利国家。尽管如此，日本多被认为是一个平等、安定的国家，甚至被认为是某种意义上的"社会主义国家"。这不是因为日本政治所实现的社会保障，而是源于以雇佣为主的生活保障，例如"日本式经营""土建国家"[①]等机制的存在。

包括笔者在内的一些学者认为，一直以来，公司、行业与家庭的合作代替了社会保障。在全球化和脱工业化的过程中，日本最大限度地依赖了最薄弱的体制。这就是原本看似安定的社会被迅速识破的缘由。但是，要想更进一步探寻目前这种胶着状态的根源，就有必要对迄今为止的体制进行深入的研究。

---

① 土建国家，在日语中指投入巨额公费用于土木工程建设，例如建设高速公路、铁路、运动场等。战后高度经济增长期的日本就属于"土建国家"。——译者注

导言　日本的福利政治

和其他国家相比，以雇佣为中心的生活保障在哪些地方较有特点？狭义的社会保障又有怎样的弊端？在相对安定的社会中，合作的情况不但没有增加反而减少了。也许可以从制度体系的具体发展过程中找到原因。

（2）因此，对推动制度发展的利益对立和政治对抗进行分析是非常重要的。生活保障的机制内部孕育着各种利益对立。这种对立经常伴随着收入从一个集体转向另一个集体。说到利益对立，最有代表性的例子就是美国的社会保障政策。因社会保障的支出有集中在母子家庭等贫困阶层的倾向，自20世纪70年代末以来，以白人中产阶层为主的纳税人发起了叛乱。

同样的对立也存在于狭义的社会保障以外的生活保障中。"税金被用在与自己无关的公路、港口工程上，以此来创造工作机会""从事农业、个体经营的人可以接受所得税的扣除，工薪阶层就吃亏了"等，这些议论都与行政改革、税制改革有关。

这里就浮现出一个比较熟悉的构图，即既得利益集团与城市工薪阶层的对立。姑且不论邻里之间的矛盾，如果一个人和在远方从事着完全不同工作的人之间存在相互利益的话，而对于在现实中一致到什么程度或对立到什么程度，则很难做出判断。

政治、行政和媒体发出的话语如何定位人们之间的关系，很大程度上影响着人们如何理解各自的利益和其他社会集团、地区之间的关系。这样的话语曾经没有煽动过人们之间的对立吗？

（3）因此，要验证这几点就有必要对以政治对抗为根据的话语进行再探讨。因为福利政治是与人们的生活息息相关的政治，所以有了将改革正当化的种种话语。制定制度、修改制度、得到有选举权国民的认可是非常必要的。

20世纪70年代末，在日本出现了以与支撑生活保障机制相关的"日本型福利社会"论来代替福利国家的议论，后来又出现了将这种机制解体的"结构改革"，接着又出现"差距社会"。如此含有对比性的话语接二连三地出现，为什么没有引起矛盾反而还很有影响力呢？

本书将在以下三点的基础上探究福利政治的发展过程：①日本的生活保障制度及其变化；②源于制度的个体利益的协作与对立；③为这种协作与对立提供依据的话语。总结制度、利益、话语三者的相互关系，并思考由此产生的紧张关系是如何与制度的转变联系在一起并持续至今的，这是本书议论的焦点。

本书将以近年来有关社会保障、福利、雇佣政治学、政治经济学的理论发展为依据，同时加入比较政治经济学的视点进行讨论。诸如哥斯塔·艾斯平-安德森等人的福利体制论、大卫·索斯吉斯（David Soskice）等人的生产体制论、薇安·A.施密特等人的话语政治论等，政治学、政治经济学研究在这一领域已硕果累累。也有人认为这些理论基本上都出自欧美，不适于分析日本及东亚其他国家。机械性地使用另当别论，重要的是如何创造性地灵活运用理论（武川，2007）。

本书结构

首先，本书在第1章、第2章中将整理近年来福利政治论的发展历程，分析战后日本的福利政治。

第1章介绍有关生活保障的制度体系理论（关于上述

导言　日本的福利政治

①的理论）。这一章节将回顾福利体制论、生产体制论的发展过程，呈现适于分析日本的视角，分析雇佣保障在生活保障中占有很大比例的日本制度体系。如何对福利体制论、生产体制论进行调整从而实现有效的运用，本章将对此进行论述。

第2章整理有关决定制度发展方向的政治对抗、话语的理论（关于上述②和③的理论）。本章将把福利政治分为利益政治和话语政治两个次元，在整理各个次元的理论发展的基础上，分析福利政治。焦点是日本如何进行福利体制和雇佣体制的转变。目前日本没有进行过明确的制度修改与废除，要掌握这里说到的制度转变是很困难的。因此，在本章中将同时对几种有关制度转变的分析模式进行探讨。

依据上述理论体制，从第3章开始将战后日本福利政治的发展分为三个阶段进行回顾。不论是哪个阶段，首先分析该阶段提出了什么样的话语，在此基础上探讨以这些话语为杠杆的政治对抗是如何改变福利体制和雇佣体制的。

第3章的论述对象是20世纪60年代至70年代，即日本式福利体制和雇佣体制的形成期。其实在50年代，保守党中有关福利国家的话语曾占据有利地位，这是因为当时全民"皆保险、皆年金"体制得到了实现。于是，重点放在是缩小差距上还是重视开发做大蛋糕的问题上，后者逐渐占据了优势地位。

但是，具有讽刺意味的是以做大蛋糕为目标的开发路线导致了自民党地方支持基础的空洞化。面对这样的危机，执政党采取以经济开发为目的的政策，通过"土建国家"、保护中小企业等创造低生产率部门的雇佣机会来进行应对。

这样的制度与同时期形成的民间大型企业的"日本式经营"体制紧密结合，形成了日本生活保障的基础。以雇佣提供的生活保障为前提，以无法顾及的退休后的年金生活与医疗为焦点，有着"福利元年"之称的社会保障得到扩张性的发展。

因此，结合不同职业范围的雇佣保障制度和社会保障制度建立起来，从而出现了所谓的"分隔型生活保障"。在这个犹如被个体挖出无数个壕沟的制度中，很难洞察出人们的相互联系、再分配的关系，且容易造成相互不信任、利权的增殖。

这一问题清晰地暴露出来是在20世纪80年代的福利政治中。这一时期，伴随着"日本型福利社会"论的抬头，福利资金被削减，雇佣体制基本上被维持了下来。但是雇佣体制中的利益对立却在不断凸显。政府产业政策之外的自立型大型企业的劳资双方与雇佣体制直接保护的个体经营、建设行业以及第一产业等的对立日益凸显。

执政党一方面利用这种对立或相互不信任（有时是煽动），另一方面进行行政改革和税制改革。但其实这一时期执政党并没有条件放弃面向地方的利益诱导，利益诱导以一种城市新兴中产阶级难以发现的形式继续进行着。由地方企业独立经营的公共事业、财政投、融资等就是为此做掩护的机制。

随着20世纪80年代福利政治的发展，一个事实也浮出了水面：利益诱导制度助长了利权、制造了无形的赤字。其结果就是20世纪90年代后期的福利政治中，要求"政治改革"和"结构改革"的话语不断增多。第5章将对此进行论述。

导言　日本的福利政治

　　这一时期，以"结构改革"话语为背景，雇佣体制解体。福利体制中政府对年金、医疗等费用也进一步进行了削减。但以在此之前福利体制的作用被限制为由，也出现了谋求普遍主义的重组趋势。

　　那么日本的福利体制、雇佣体制究竟该何去何从？一直以来日本的福利政治都是强化以"分隔型生活保障"为前提的分割式政治。第6章将在回顾这一事实的基础上，展望超越分割式政治的福利政治的未来。而作为其线索，笔者将把目光投向与家庭、工作方式等生活状态息息相关的不断扩大的争论中。也就是说，在以稳定的生活状态为前提的再分配的政治基础上，围绕着多样性生活状态的相互认可的政治，即生活政治（life politics）在福利政治中的比重正在增加。在本书的最后笔者将思考这一趋势带给福利政治什么样的影响以及福利体制、雇佣体制未来的可能性。

第 1 章　福利体制与雇佣体制

发达国家的政府期待通过各种政策和制度给人们提供生活的愿景。一方面，人们需要有该做的工作、可持续性的就业且预计能得到的收入。为此，制造雇佣机会、规制解雇、保障最低工资等就变得格外重要。另一方面，因失业、工伤、疾病等不得不中断就业时，人们又需要有收入的保障。各种社会保险、公共扶助等制度就是用来解决这些问题的。

也就是说，要实现生活保障，相关雇佣制度和社会保障、福利制度这三者之间的协调是很有必要的。其中，何种政策实现到何种程度，就与各国的福利政治紧密相连了。

1　为何要谈福利体制

福利体制论的发展

本书将生活保障两个支柱之一的社会保障和福利制度体系称为福利体制。读者对于福利体制、雇佣体制等中经常出现的"体制"这一词可能并不熟悉。

Regime 通常被译为体制。虽说是体制（如资本主义体制、社会主义体制），但和高等体系相比则是中等水平的体制，只不过是被一些政权、内阁等一直贯彻的制度罢了。这

第1章 福利体制与雇佣体制

种体制是指在多个社会经济势力联合的背景下各个国家政治经济的一种持续性状态（Pempel，1998：20）。

福利体制是指，与社会保障和福利服务相关的几种制度组合在一起后，拥有某种特性的体制。福利制度通常由公共社会保障制度，即社会保险、公共扶助、社会津贴和公共服务制度、私人保险、企业福利、民间服务等市场性制度以及家庭和社区等共同体制度组合而成。另外，"福利体制"的"福利"一般指广义上所有社会保障和福利服务。

之所以不说"福利国家""社会保障制度"而用"福利体制"一词，是因为即使论述的是公共福利，但受重视的仍然是公共制度与民间制度、家庭作用之间的关系。

福利体制可分为几种类型。众所周知，丹麦社会政策学家哥斯塔·艾斯平-安德森将福利体制分为以下几种模式：北欧国家的社会民主主义体制；德国、法国、意大利等欧洲大陆的保守主义体制；美国、英国、澳大利亚等以盎格鲁-撒克逊诸国为中心的自由主义体制（Esping-Andersen，1990）。表1从福利体制的角度对各国的政治特性、劳工组织组织率和女性劳动力比例进行了汇总。表2是不同体制下国家财政支出的特性和平等化程度。如表1所示，像瑞典这种社会民主主义体制是在强大的劳动运动和社会民主主义政党掌握主动权的情况下形成的体制，主要以公共福利为中心。这种体制下的社会支出（社会保障、福利的相关支出）较大，社会保障广泛用于应对普通市民在生活周期中遇到的各种风险。也就是说，社会保障和福利不是为了一部分贫困人而存在的特殊制度，而是被定位为全体市民在人生的任何时候都可以利用的制度。这种观念一般被称为普遍主义（universalism）。因此，只以贫困人群为对象

福利政治

表 1　各福利体制的政治特性与劳动市场（1980 年左右）

	左派政党执政期间	基督教民主主义政党执政期间	劳工组织组织率	女性劳动力比例	社团主义指数	少数派的法案共同体可能性
自由主义体制							
美　　国	0	0	25	60	1	7
英　　国	16	0	48	58	2	2
澳大利亚	7	0	51	53	1	4
新 西 兰	10	0	59	45	1	n. a.
加 拿 大	0	0	31	57	1	4
社会民主主义体制							
瑞　　典	30	0	82	74	4	0
挪　　威	28	1	59	62	4	0
丹　　麦	25	0	70	71	3	0
芬　　兰	14	0	73	70	3	1
保守主义体制							
德　　国	11	16	40	51	3	4
法　　国	3	4	28	54	2	2
澳大利亚	20	15	66	49	4	1
荷　　兰	8	22	38	35	4	1
比 利 时	14	19	72	47	3	1
意 大 利	3	30	51	39	2	1
日　　本	0	0	31	54	n. a.	2

资料来源：左派政党执政期间、基督教民主主义政党执政期间、劳工组织组织率、女性劳动力比例出自 Huber and Stephens, 1998。关于 1946~1980 年的左派政党、基督教民主主义政党的政治参与，若为单独执政，则把执政期间的每年算作 1；若为联合执政，则合计根据议席数调整的数值。

社团主义指数出自 Lehmbruch, 1984。

少数派的法案共同体可能性出自 Huber and Stephens, 1993。联邦制（非联邦制 0，微联邦制 1，强联邦制 2）。总统制（总统制 1，非总统制 0）。选举制度（比例代表制 0，修正比例代表制 1，小选举区制 2）。二院制（一院制或极微第二院 0，微第二院 1，强第二院 2）。通过公民投票（不举行或很少为 1，积极举行为 2），将阻止政治过程中少数派反对的议题的可能性指标化。

第1章 福利体制与雇佣体制

制定领取救济时的收入限制、进行财力调查的项目所占的比例很低。另外，基尼系数（表示收入差距的指数，其值越接近1表明差距越大）、相对贫困率得到了控制（见表2）。

表2 各福利体制的支出结构与平等化指标（1992年左右）

	社会性支出(%)	公共扶助支出(%)	积极的劳动市场政策支出(%)	基尼系数（20世纪90年代中期）	相对贫困率(%)（20世纪90年代中期）
自由主义体制					
美 国	15.2	3.7	0.2	0.361	16.7
英 国	23.1	4.1	0.6	0.312	10.9
澳大利亚	16.3	6.8	0.7	0.305	9.3
新西兰	22.2	13	1.1	0.331	7.8
加拿大	21.8	2.5	0.6	0.283	9.5
社会民主主义体制					
瑞 典	35.3	1.5	2.9	0.211	3.7
挪 威	26.8	0.9	1	0.256	8
丹 麦	30.7	1.4	1.7	0.213	3.8
芬 兰	33.9	0.4	1.7	0.228	4.9
保守主义体制					
德 国	26.4	2	1.9	0.280	9.1
法 国	28	2	1	0.278	7.5
澳大利亚	25	1.2	0.3	0.238	7.4
荷 兰	28.3	2.2	1.3	0.255	6.3
比利时	28.4	0.7	1.2	n.a.	n.a.
意大利	24.3	3.3	0.2	0.348	14.2
日 本	11.8	0.3	0.3	0.295	13.7

资料来源：社会性支出、积极的劳动市场政策支出出自 OECD Social Expenditure Database，公共扶助支出出自 Eardley et al., 1996。
基尼系数和相对贫困率出自 OECD, Society at Glance: OECD Social Indicators: Raw Date (http://www.oecd.org/dataoecd/34/11/34542691.xls)。

像美国这样的自由主义体制国家,如表1所示,属于政治上受劳动运动、基督教民主主义或保守主义影响较小,受市场原理影响较大的体制。在整个社会保障制度中,企业福利和民间企业的社会服务等民间制度所占比重很大。同时,公共社会保障的规模有限,其中为救助贫困阶层而在有收入限制的条件下支付的公共扶助等所占比重较大。尽管如此,因社会保障的整体规模受限,基尼系数等的差距很大。这一点从表2也可以看出。

最后,像德国这样的保守主义体制国家,属于深受基督教民主主义势力影响、以职业领域和家庭为基轴的国家。也就是说,对于社会保险,各职业领域存在多种不同的制度,例如通过雇佣协议确立年金和医疗保险等。这种体制在稳定男性劳动者收入的基础上,再通过家庭主义将该收入普及到家庭成员身上。从表1可以看出,在保守主义体制下女性劳动力的比例较低。

艾斯平-安德森的福利体制类型论对有关福利国家的讨论起到了决定性的影响。在此之前每当研究者讨论福利国家时,一方面认为福利国家为消除贫困和差距做出了很大贡献而对此积极评价;但另一方面也批评福利国家没能从根本上解决市场经济的矛盾(宫本,2003)。

有关福利国家的评价之所以会有如此分歧,是因为同样都是福利国家,其中却又包含着各种各样不同的国家。艾斯平-安德森提出的各种体制类型对梳理这些议论做出了贡献。另外,对于发达国家都要面对的贫困、失业等问题,艾斯平-安德森的理论提供了一种完全不同的处理角度,这一点具有非常深远的意义。

第 1 章　福利体制与雇佣体制

日本的定位

那么，在这些类型中日本应如何被定位呢？

仅从制度结构上看，正如日本年金制度的一元化尚被视为亟须解决的问题一样，社会保险还分立在各个职业领域，在看护和育儿方面，家庭的负担尚且很重。从这点来看，日本与保守主义体制国家有很多共同点。但是和欧洲保守主义体制的国家如德国、法国等相比，日本的社会保障支出远远低于这些国家，这一点又与美国等自由主义体制国家相似。另外在雇佣方面，单从泡沫经济破灭之前的失业率来看，日本保持了与社会民主主义体制国家不相上下的良好状态。

日本在这些类型中没有一个明确、稳定的定位。有人提出疑问认为是不是这种类型论本身存在根本性缺陷，或者这种类型论只适用于欧美国家。就这一点，我们也许应该做如下考虑。

我们对福利国家类型论的期待并不是要它提供一个能把所有国家整齐分类的架构。正如艾斯平－安德森本人所述，其中也存在各种各样的边缘事例。例如，以前英国受强有力的劳动运动的影响，制定了普遍主义的医疗制度等，但其后又强化了自由主义体制的色彩（Esping-Andersen，1999：87）。而且，所有的类型论原本就不是十全十美的理论，它只是从某个特定的角度提供一个坐标轴来显示出各个国家的定位关系而已。

艾斯平－安德森提出的体制类型论是从构成现代社会的几种基本部门——市场主导的自由主义体制、政府主导的社会民主主义体制、以家庭和各职业领域集体为基轴的保守主义体制——出发的。从一定程度来看，这是一种适用性很强的类型。另外，从各种体制的名称也可以看出，这种类型是被西欧福利国家发展历史所束缚的类型。

这一倾向在保守主义体制的定义中表现得尤为明显。劳动力的商品化在某种程度上被限制（社会保障支出有固定的规模），艾斯平－安德森把这一点作为保守主义体制的特点。但从理论上来说，各产业劳资双方等的职业领域集体、家庭的功能扩大与社会保障支出的扩大完全是两回事。另外要记住制度形成的主体是基督教民主主义势力，所以这一理论描绘的毕竟还是欧洲大陆的福利国家，直接照搬到欧美以外国家的做法多少有些勉强。

要拓展这一体制类型论并将其活用到对日本的研究中，需要下述三种视点。

第一，从体制类型，尤其是保守主义体制类型中去除被西欧的政治历程束缚的部分，根据不同的分析目的对其进行再定义，提高适用可能性。

例如大泽真理将保守主义体制解读为"男性挣钱"型，将日本作为该类型的典型国家。另外还将社会民主主义体制解读为"两立支援"型，将自由主义型解读为"市场志向"型。大泽的这一尝试可以说从社会性别论的角度解读艾斯平－安德森类型论的同时，又拓宽了该理论在各国的适用范围（大泽，2007：53~57）。

本书虽然不是以提出新的类型论为目的，但还是想明确一下与艾斯平－安德森类型论的重合部分和偏差部分。接下来在本书中，凡是出现"保守主义体制性质的"，指的是舍去基督教民主主义的主导性和社会保障制度的规模、以家庭和职业领域集体为基轴的分立性的社会保障制度。

第1章 福利体制与雇佣体制

第二，对日本这样的后起型福利国家进行定位时，不应仅从横向比较各个国家，还应该更加重视时间轴，注重各国成为福利国家时不同的起跑线。欧洲的保守主义体制国家之所以形成分立式的年金和医疗制度，就是因为后起资本主义国家以官员的抚恤式制度为先行制度，其后再如缀布拼图般增设各个职业领域的制度。

而像日本、拉丁美洲、东亚等后发型资本主义国家起跑得就更晚了。例如和日本同规模的、在20世纪70年代初达到欧美水平的福利国家中，有一些国家在即将迈入福利国家时又遭受了石油危机（1973年）。狭义的福利支出在起步阶段就被抑制，取而代之的是以扩大内需为名目的公共事业支出的增加（宫本，1997）。

第三，要理解上述和日本福利体制有关的发展历程，或者更广泛地理解福利体制发展的多样性，从福利体制与本书提到的雇佣体制的关联性角度去考虑是非常重要的。

事实上，艾斯平-安德森提出的各国福利体制的特性就是以某种雇佣政策的理想状态为前提的。例如，瑞典之所以能够成为社会主义民主体制的福利大国，就是因为其积极的劳动市场政策实现了所有国民的就业，从而使国民成为纳税人。

像日本这样后发型国家的福利体制与雇佣体制的关系比较特殊。在日本，较之狭义的社会保障政策，政府不得不优先通过经济政策或开发政策做大蛋糕。20世纪70年代初，社会保障支出刚增加不久就爆发了石油危机，支出随之被限制，因此在生活保障方面，比起社会保障优先实现雇佣保障成为主流。也就是说，福利体制和雇佣体制的关系与其发展的时机有着密切的联系。

2 何为雇佣体制

有关雇佣体制的理论

在此笔者对雇佣体制做进一步详细的阐述。生活保障并不是仅由狭义的福利体制——社会保障和福利制度——来决定的。特别是和雇佣、劳动市场相关的制度、政策能在多大程度上支撑人们的就业,这一点对于理解社会保障和福利来说也是至关重要的。20世纪福利型国家通过联合雇佣政策、经济政策和社会保障制度、福利政策而形成。约翰·梅纳德·凯恩斯（John Maynard Keynes）奠定了20世纪雇佣政策的思想基础,威廉·贝弗里奇（William Beveridge）提出了社会保障制度的模式,"凯恩斯·贝弗里奇型福利国家"也由此而得名（富永,2001）。

艾斯平-安德森也将与劳动市场相关的政策命名为"劳动市场体制",并将其与福利体制的关系作为研究重点（Esping-Andersen,1990）。但是,他侧重于主张福利体制的特性决定劳动市场的状态。例如,福利体制中工人工伤年金制度奖励提前退休,从而使劳动市场缩小;保育福利推动女性的就业,从而使劳动市场扩大等。但是安德森并没有深入研究劳动市场和福利体制之间的相互关系。

索斯吉斯等人则着眼于劳资关系、职业培训制度、企业间关系、企业统治等组合在一起的状态,并称其为"生产体制"（Hall and Soskice,2001）。生产体制一般用于区别像盎格鲁-撒克逊诸国的"自由主义市场经济"（liberal and

第1章 福利体制与雇佣体制

soskice economy）和欧洲大陆、北欧、日本等国家的"调整型市场经济"（coordinated market economy）。也就是说，生产体制论主要关心的是以劳资关系为焦点的资本主义经济的类型化。

在有关生产体制的研究中，也有一些研究论述了其与福利体制的协作（Huber and Stephens，2001；Ebbinghaus and Manow，2001）。但是，要深入地把握人们的就业实情这一福利国家的要素，以基础产业的劳资关系为对象的生产体制论多少带有局限性。正如北山俊哉所指出的，关于日本的生产体制，有必要与大型企业长期雇佣的习惯合并在一起，将其定位为所谓的"土建国家"的机制（北山，2003）。

因此本书中，笔者不仅仅研究大型企业的劳资关系，还研究包括支撑着中小企业的雇佣政策等，在此基础上用"雇佣体制"一词去研究支撑着人们就业的机制，并将其与福利体制的关系作为重要问题进行探讨。劳资关系和雇佣保障制度、劳动市场政策、经济政策、产业政策等围绕着雇佣的维持与扩大形成了一种协作关系，而表明这种协作关系的便是雇佣体制。

日本和瑞典的雇佣体制

笔者对比较日本和瑞典的雇佣和劳动市场这一研究非常感兴趣。在福利体制方面，可以说这两个国家有着完全不同的机制。从图1可以看出，在很长一段时间里瑞典都是经济合作与发展组织（OECD）成员国中最大的福利国家，2003年度社会支出占国内生产总值（GDP）的31%。而日本自始至终在经济规模方面就是一个不对称的小型福利国家，同年度的社会支出占GDP的17.7%。两国在家庭状况和女性劳动市场方面的差异也很大。瑞典女性的平均薪资是男性薪资的88%，而日本是65%（2002年ILO统计）。

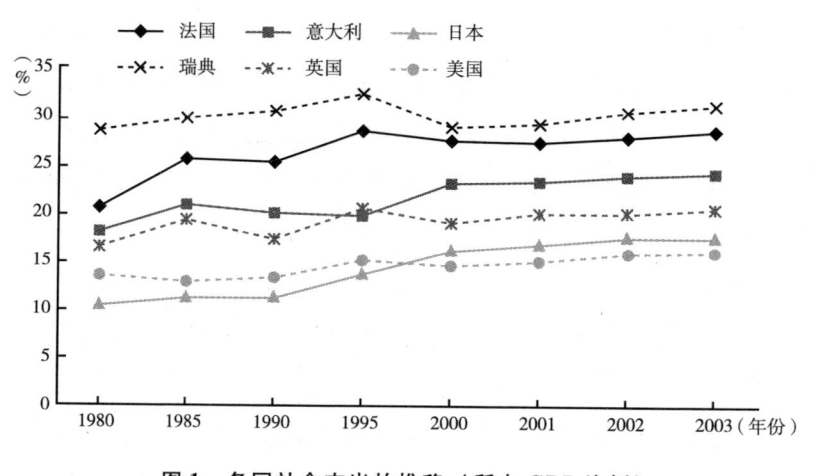

图1　各国社会支出的推移（所占GDP比例）

资料来源：OECD Social Expenditure Database。

图2是将各个国家的失业率统计都换成美国式统计之后的对比。从日本和瑞典的失业率可以看出，这两个国家在发达国家中可以说是史无前例地控制着失业率。特别是进入20世纪70年代以后这种趋势尤为明显。进入90年代，瑞典失业率激增，日本的失业率也在逐渐增加，这一点两国情况相同。

在这里要强调一点，为了实现低失业率两国所采用的方法是不同的。接下来笔者将在解释雇佣体制一词的基础上，比较两国为了确保雇佣而采取的措施。

图3、图4分别体现了瑞典和日本的雇佣体制。两图的横轴都代表生产率不同的各种企业或经营模式。纵轴代表

第 1 章　福利体制与雇佣体制

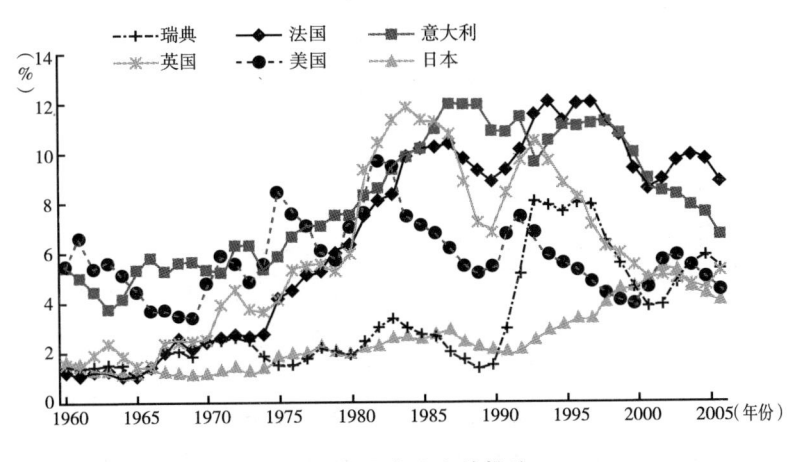

图 2　各国失业率的推移

资料来源：U. S. Department of Labor, Bureau of Labor Statistics, Comparative Civilian Labor Force Statistics, Ten Countries, 1960 – 2006（http://www.bls.gov/fls/flscomparelf.htm）。

企业或经营模式的生产率和工资。图 3 和图 4 通过相同的构图体现了无论哪个国家的产业结构中生产率和利润率不同的产业或企业都以一定的比例存在。

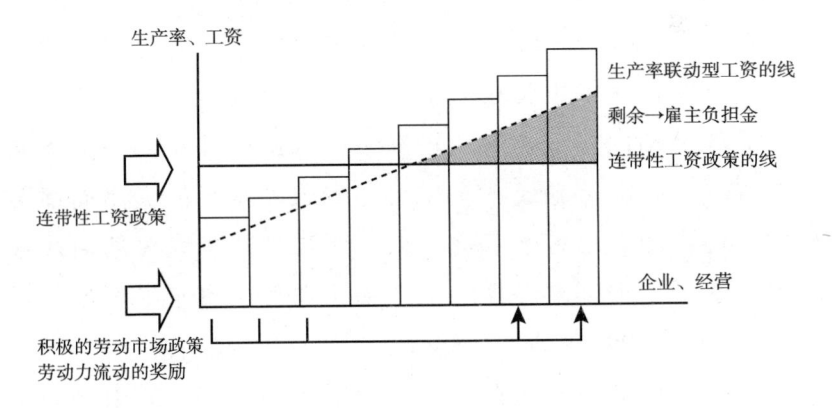

图 3　瑞典的雇佣体制

资料来源：笔者基于 Hedborg and Meidner（1984）的图表制作。

福利政治

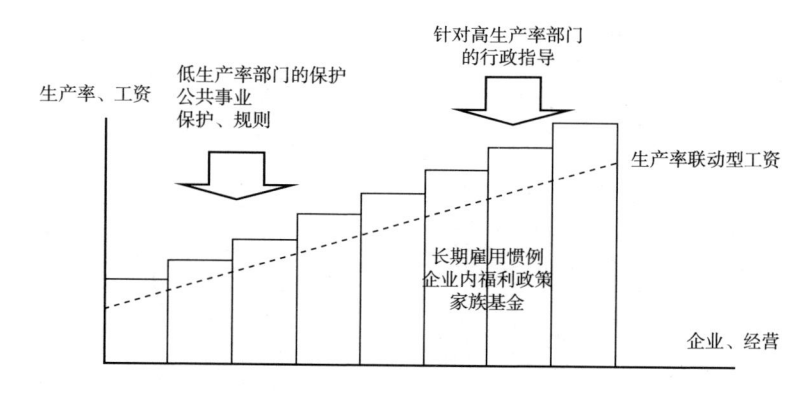

图 4　日本的（旧）雇佣体制

资料来源：笔者制作。

这里将在这一构图的基础上，探讨各个国家明显不同于其他发达国家的控制失业率的方法。其实施的政策和建立的制度就是本书所说的雇佣体制。图 3 表示的是瑞典的雇佣体制，但首先先关注一下工资水平问题。

瑞典实施连带性工资政策，即不论各企业的生产率和利润率如何，只要劳动内容相同，工资就相同（同一劳动同一工资）。这种工资水平是由组织率较高的经营者团体和劳动协会之间通过中央集权型工资交涉制度决定的。生产率高的企业的劳动内容也相对比较高级，因此即使是同一劳动同一工资，实际的劳动成本多少会随着劳动水平的提高而逐渐增加。但在图 3 中舍去了这一点，用与生产率无关的横线代表工资水平，和逐渐提高的生产率连动型工资水平形成了对比（宫本，1999：120~128）。

从图 3 也能明显地看出，属于低生产率部门的中小型企业因劳动成本高于收益，从而陷入破产困境。瑞典政府认为，作为一个小国家的瑞典要想在国际竞争中生存下来，就不能有这样的部门，因此政府不对这类企业采取任何保护措

第1章 福利体制与雇佣体制

施。而另一方面，对于从被清理的部门中流出的劳动力，政府鼓励通过劳动市场制定积极的劳动市场政策，即公共职业训练、职业介绍服务，使这一部门的劳动力流向高生产率部门（宫本，1999）。

简而言之，雇佣体制就是使各国民众的雇佣成为可能的制度体系。瑞典凭借工资政策和积极的劳动市场政策的联动，打破部门、职业领域的界限，通过雇佣条件的均一化，促进劳动力的移动，从而实现了包括女性在内的完全雇佣。

和瑞典相比，日本的雇佣体制则完全相反。不同的领域采用不同的政策，将男性劳动者围在各个企业和领域中，同时实行雇佣保障。将日本的情况和瑞典做对比的话，可以用图4来表示。

属于高生产率部门的民间大型企业凭借企业集团内部的互相持股和护送船队式的行政指导，实现了长期、稳定的经营。在这种条件下，大型企业使长期雇佣惯例稳定，完善了企业内的福利待遇。同时，工资里包含着男性劳动者家庭成员的生活补助费，强化了家庭工资的特点。

另外，和瑞典的社会民主党不同，对于第一产业、地方建筑业、自主营业等低生产率部门，日本的自由民主党在这里找到了重要的支撑基础。因此，政府通过公共事业为地方建筑业提供就业机会，通过中小企业金融、保护与限制政策稳定小型的流通业、个体经营等，日本政府通过这些方法提高低生产率部门的收益，保护了这一部门的雇佣。

瑞典通过从低生产率部门向高生产率部门的人员流动确保雇佣，而日本则是通过各个企业包揽男性劳动者从而防止了失业。这里笔者想强调的是这些做法的政治含义。在瑞典，低生产率部门和高生产率部门通过雇佣体制下的积极的劳动市场政策被联系起来，而在日本，两部门因制度不同而被分割，引发了潜在的紧张关系。

3 福利体制和雇佣体制的合作

前面笔者对福利体制和雇佣体制进行了解释。生活保障的实际状况由福利体制和雇佣体制共同决定。接下来笔者将通过分析福利体制和雇佣体制在各国的合作情况，为其勾勒出一个大概的构图。

如前面所述，自由主义体制国家将重点主要放在公共扶助上，将财源集中在贫困层，这类福利国家原本应该在缩小差距上取得成效，但是仅从基尼系数看，自由主义体制国家之间的差距依旧很大（见表2）。

从与雇佣体制的关系角度来看，例如在战后的美国，正如1946年完全雇佣法在议会上被否决所象征的那样，政府并不认为应该为完全雇佣负责（Skocpol，1995：231－233）。在英国，雇佣政策仅限于被动地用来附和景气循环，没能实现稳定的雇佣（Mishra，1984：102－103）。特别是20世纪70年代以后，长期失业人群增加，公共扶助的负担越发沉重。没有享受到福利的恩惠、负担加重的纳税人提出了抗议，于是80年代新自由主义政权在这两个国家诞生了。社会保障支出的规模被加以限制，领取资格严格化，自此强化了小政府的特点。

此外，以男性劳动者参加的各职业领域的社会保险为核心而形成的德国等保守主义体制国家中，因劳动力成本高，雇主对雇佣人员的增加持谨慎态度，并且奖励提前退休等，所以劳动者为了维护其社会保险的权利而倾向于一直在同一

第1章　福利体制与雇佣体制

个场所工作，结果用于应对产业结构的转变、劳动市场供需的反差而进行的积极的劳动市场拓展也因此受阻。劳动市场整体缩小，失业率居高不下。

为雇佣体制次元的生活保障提供巨大支撑力量的是如瑞典这样的社会民主主义体制国家和日本。但是，如前所述其方法是完全相反的。由此雇佣体制和福利体制的关系也在瑞典和日本出现了巨大的差异。

瑞典的雇佣体制以高雇佣率为前提，确保了广泛的课税基础，巩固了福利体制。低失业率就意味着大部分人的收入够用。因此和美国、英国不同，瑞典的福利体制是用来应对有着基本经济能力人的生活风险的。瑞典没有最低收入保障，其社会保险主要是保障人们的现行收入的收入比例型社会保险，在保育、看护、职业培训、终身教育等众多领域开展普遍主义的公共服务。

瑞典的这种大型福利体制反馈到雇佣体制，激发了人们的就业热情。如果劳资双方平分保险费的话，那么对于劳动者来说，收入比例型社会保险意味着增加了负担。但在瑞典，保险费全部由雇主负担。如图3灰色部分所示，和生产率联动型的工资相比，连带性工资政策给高生产率部门的雇主带来了额外的负担。

由此出现了一系列社会保险只能由雇主筹措的情况。对于被雇佣者来说，依照收入比例型给付，只要个人所得增加，社会保障给付就会增加。也就是说，社会保障的给付和就业热情的提高有关，同时也和对中产阶级社会保障制度的支持联系在了一起。

瑞典雇佣体制中的流动性劳动市场的雇佣保障和巨大的福利体制联系密切，与之相比，在日本的雇佣体制中，单个企业或各个职业领域的男性劳动者的雇佣保障和家庭主义代替了福利体制的一部分功能，和小型福利体制合作。接下来将详细解释一下该合作的内容。

4 日本的福利体制与雇佣体制

正如包括笔者在内的几位研究者所主张的，日本的雇佣体制中的雇佣保障代替了福利体制的一部分功能（三浦，2003；广井，1999；埋桥，1997；宫本，1997）。自20世纪70年代中期起这一倾向变得明显起来，和这种雇佣体制合作的结果使得日本的福利体制具备以下一些特点。

第一，政府、大型企业、自主营业等各个领域的年金、医疗保险等以分立的形式并存。这与雇佣体制中将男性劳动者围裹在各个企业或职业领域的机制相对应。同时，依靠厚生年金等公共基金的企业年金、雇佣保障和社会保障的对应关系得到了进一步的强化。从而形成了以企业、行业为单位的雇佣保障，以社会保障进行补充的"分隔型生活保障"机制。因此一直以来日本就存在年金等的"一元化"课题。

第二，福利体制的规模很小。在日本，由于生活保障的核心在雇佣体制上，所以社会保障的支出被抑制。雇佣保障以男性劳动者为对象，特别是大型企业的工资包括家属的生活补助费，这一点具有家庭工资的特点，雇佣体制成为家庭主义的支撑。像德国、法国等国家是在巨大的福利体制下家庭补贴支撑家庭主义，在这一点上日本与之形成了鲜明的对比。此外，看护、保育等公共服务尚没有普及，直至近几年日本政府才开始通过看护保险等增加服务的供给。

第三，被抑制的社会保障支出倾向于后半生的保障，即

第 1 章　福利体制与雇佣体制

年金、老年人医疗、遗属相关的支出。图 5 是依据 OECD 的开支项目分类统计的各国社会保障支出的明细。在日本，遗属相关、年金、老年人医疗达到医疗支出的近四成，和后半生相关的支出达到社会保障支出的一半以上。在日本，面向 65 岁以上老年人的支出，以 1 个人为单位进行换算的话，是面向未满 65 岁人群的 17 倍，同时是 OECD 平均支出的 2 倍（OECD，2006）。

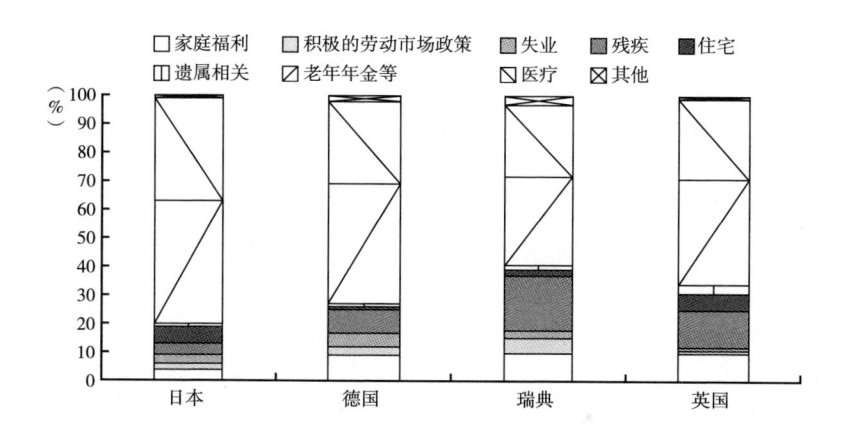

图 5　各国的社会保障支出明细（OECD，2001）

资料来源：OECD Social Expenditure Database。

生活保障中的雇佣保障占很大的比重，在前半生里由公司和家庭应对各种风险，因此狭义的社会保障主要集中在了从公司退休、家庭应对能力降低的后半生上。但是在这种情况下，一旦公司和家庭出现动摇，由于支撑年轻人的保障体系很脆弱，所以低收入者的风险就会增加（广井，2006；宫本，2006c）。

"分隔型生活保障"在以上这种机制下实现，而在各个"分隔"中，个人首先是通过工作来谋求生活保障。如表 3 所示，日本的福利体制之小通过其再分配率之低体现出来。

尽管如此，一次多得阶段基尼系数在一定程度上被抑制，可以说雇佣体制次元中水平方向的雇佣保障抑制了垂直方向差距的扩大。

表3 各国的基尼系数和再分配率

	再分配之前	再分配之后	再分配率
德国（1994年）	0.436	0.282	35.3
美国（1995年）	0.454	0.344	24.5
瑞典（1995年）	0.487	0.23	52.9
日本（1994年）	0.34	0.265	22

资料来源：Burniaux et al., 1998。

但是，"分隔型生活保障"的机制中也存在很大问题。除了劳动法规规定的领域外，雇佣保障原本并不是一项确定的权利。一直以来它主要依赖有关公共事业的分配等的行政裁量、议员的利益诱导、公司的雇佣惯例等。由于品格、恣意的行动等方面的原因，中小企业的经营无法维持下去，或大型企业进行人员整顿等，这样的事情经常会发生（野村，1998）。

也就是说，以遵守行业、公司、家庭秩序为前提而提供的生活保障同时也伴随着权力性的色彩。而且，用于走出行业、公司、家庭的职业培训，终身教育，看护及育儿服务，离职及离婚时的收入保障等也不充分。因此，对于感到游刃有余、能够发挥自己能力的人来说，行业、公司、家庭成为充满魅力的共同体，而对于不具有这种能力的人来说，则成为束缚。日本的"分隔型生活保障"一方面率先采取了"雇佣大于福利"的理念，另一方面则制造了一个"圈地社会"。

第 2 章　如何认识福利政治

1　福利政治的诸次元

利益政治与话语政治

在第 1 章中笔者就如何认识生活保障的制度体系进行了论述。本章将在这些制度的基础上，就引起制度转变的福利政治进行思考。首先，福利政治可分为两大次元。

第一次元是作为利益政治的福利政治。某项政策或制度的制定过程是利益团体、政党、官僚之间相互交涉的一个过程，在此过程中存在要求推进、撤回、修改等压力。社会保障政策和雇佣政策经常与各个团体或阶层的利益息息相关，其中的压力也很大。如果在政策或制度上利益相互对立的话，这一倾向会更为明显。福利政治首先可以看作一个组织和动员民众个别利益的过程。

尽管如此，在关于生活保障的制度方面，人们的个别利益（利害关系）其实并不太明确。社会保障、雇佣政策、雇佣制度非常复杂。有关年金或医疗保险的改革直接地，或通过经济发展、社会稳定等间接地给自己和家庭的生活带来一些影响，在很多变数的基础上进行判断有时是很困难的。

在这里就出现了各种政治性的操作或推动的余地。因此，在政策和制度的形成过程中，出现了人们的利益或见解有时是以某种方式被操作，或从一开始就被过滤的情况。人们判断对自己有利的标准可能是由政治性的操作或话语导致的。因此，作为福利政治的第二次元，考察是谁在用各种话语和主张又是怎样对人们做工作的，是很重要的。这就是作为话语政治的福利政治。这一过程也可看作政策或制度的形成过程（第一次元）的一部分。另外，它也包含着报纸新闻不容易报道、表面化的各种工作和舆论形成的过程。这就是将话语政治的过程和第一次元区分开进行理解的原因。

话语政治的两个水平

话语政治本身又分两个水平。

首先，关于某项政策、制度和人们个别利益的关系，有时政治家和官僚会从对自己有利的角度来解释。例如关于制度改革的效果，他们会主张不给太多人增加负担，以此来回避争论或减少纠纷，有时也会采取将已经决定的责任主体模糊化的方法。

为了达到这一目的，政治家有时会将几个法案搭配在一起提出，错开法律的实施时期，把审议会的答复作为幌子等。在决定政策的流程中也下足了功夫，并将其和正当化话语组合在一起。在后面的论述中也会提到，有议论视这种方法为"逃避责备的政治"（politics of blame avoidance）（Weaver，1986）。此外，这种方法也会阻碍问题得到争论或进入决定流程。例如，明明知道某项社会保险制度的财源就要枯竭，但会试着废止该社会保险制度、将其民营化，以此故意搁置不理（Hacker，2005）。这种政治方法被称为"不决定"。反过来说，"不决定"是指其本身就是政治性的决定，是人为的决定（Bachrach and Baratz，1963）。

第 2 章　如何认识福利政治

"逃避责备的政治""不决定"是在人们对自身利益有一定程度认识的前提下进行的政治性操作。所以政府会采取一些行动让人们认为政府想推进的政策和自己的利益相吻合或至少不受影响，或故意将与人们的利益相关的争论排除到政治话语之外。如果将这作为第一水平的话，那么话语政治还有第二水平，就是进一步试着干涉人们对自身利益的认识。

关于生活保障的制度，人们究竟期待着什么样的制度？每当有任何新的观念或话语被推出时，人们就会改变自己对这一问题的想法。例如，有关"结构改革"或"格差社会"的话语不断被媒体提出，虽然这些话语的意义完全不同，但它至少成为人们改变对自身利益认识的契机。

假设，因小政府的实现而导致生活不再安稳的人们，如果受"结构改革"话语的影响而"误认"为它对自己有利，那么这其中就存在着权利的行使问题。在这种情况下，人们支持改革，表面上是看不到权利行使的。如果将政策的决定过程中用于排除抵抗而行使的权利称为"一次元权利"，留有政治性操作痕迹的"不决定"型权利称为"二次元权利"，那么可以将这种权利称为"三次元权利"（Lukes，2005）。

要论述"三次元权利"，就必须要证明这不是人们的喜好或利益，而是"真正的利益"。但这是非常困难的。即使人们表明的政治支持看起来和自己的利益并不一致，但那也许是某种信念或各种各样算计的结果。理解以人为媒介的权利，存在着根本性的困境（杉田，2000）。但是，先不说是哪种程度的一次元权利，影响了人们的想法这一事实是可以确认的。本书将从这一意义上思考话语政治的第二水平。

原本在福利或雇佣上确定自己的利益或多或少就存在困难，当体制的彻底重组成为问题时，人们的个别利益就会流动化。如果再加上媒体的影响和政治家的表演，福利政治就强化了话语政治的各种形态。

2　作为利益动员的福利政治

福利政治的政策过程

福利政治的第一次元是利益的组织化和动员。福利政治是对年金改革或税制改革等财产转移实施强制性的政策，是对大范围的人群产生直接影响的政治（Lowi，1979）。仅此来看，有关福利政治的政策过程被认为是人们依据自身的利益，进行合理的判断和行动的福利政治过程。福利政治既不会像有关外交交涉的政治那样将国民的情感摆在前面，也不会像有关环境的政治那样，认为巨大的文明前景非常重要。当然，虽说是人们依据自身利益做出的判断，但在其背后，存在着"逃避责备的政治"或"不决定"的话语左右着人们判断的可能性，有关自身利益的认识被诱导的情况也会发生。虽然有必要以这样的"后台"为依据，但前提是先正确掌握"前台"发生的事情，这一点很重要。因为只有有了"前台"才能产生"后台"。

当福利体制、雇佣体制及政策被提出来时，有权者会有各种各样的表现。劳工组织、经营者团体、女性团体、高龄者团体、残疾人团体、医疗相关团体、保险公司的业界团体等会支持政党或官僚以实现自身的利益，而政党或官僚又会为了实现自身的利益而利用这些团体的压力。

第2章 如何认识福利政治

从这一点看每个国家的福利政治都是相通的,但其中具体的行动或交涉的过程则是不一样的。利益政治的政策过程有两种形式:一种是多元主义的政策过程,即各种利益团体一边自由竞争一边进行压力活动;另一种是团体协调主义政策过程,即以劳资双方为中心的综合性团体把政府加入其中进行调整。

一般认为后一种形式能推动对立的个别利益的调整和福利国家的扩大。北欧的劳资协调型政策过程就是一个例子。例如,在瑞典,以组织率超过80%的劳动组织为首,经营者团体、保险团体等经常参加各种审议会,共同决定政策的方向。通常发生正面冲突的劳资双方在这种团体协调主义之中找到妥协点,如上一章所述,由此产生了将经济效率也考虑在内的瑞典型福利国家。

而在多元主义的政策过程中,各种利益团体分别开展施压活动,很少有机会相互调整利益。如何对社会保障的扩大起作用并不是最重要的。以美国为例。美国存在像美国退休人员协会(AARP)这种成员超过3000万人的巨大受益者团体,在年金制度等问题上具有强大影响力。因此,美国虽然是小型福利国家(自由主义体制),但在中产阶级的年金等方面却具备一定优势。但是,民间保险公司等则进行着激烈的施压活动,为了抵抗公共医疗保险的导入,至今依然有超过4700万的市民没有加入医疗保险。

关于福利政治的制度与福利国家扩大之间的关系,也有人提出了与议会政治的状态有关的观点。在小选举区制或两大政党制等被称为威斯敏斯特式的议会政治机制中,与反复讨论形成的共识相比,重点更多地被放在多数派的形成和权力的均衡上。联邦制通常强化拥有否决权的团体的力量,而比例代表制或多党制等重视利益调整，在共识形成的政治制度下，和威斯敏斯特式相比，一般有扩大社会保障支出的倾向。这一点通过上一章的表1也可以得到确认（Lijphart, 1999; Hall and Soskice, 2001）。

日本式政策过程的变化

那么，日本的政治是多元主义还是团体协调主义呢？

关于日本的福利政治，自20世纪80年代初期起，有人开始指出官僚主导型的政治过程发生了改变，呈现多元主义的倾向。村松岐夫根据自己的调查证明了从20世纪50年代后期开始，相关福利团体陆续成立，以自民党为主要对象开始了积极的游说工作。而且调查还发现这些团体也感受到了自身的影响力之大。因此村松认为福利政策的政策过程也是多元主义发展的过程（村松，1983）。

这里的多元性还反映在政党和官僚的关系上。特别是对社会保障具有影响力的执政党政治家，也就是被称为厚生族的议员们，他们是有着专业知识的"最强的一族"（猪口、岩井，1987）。虽然日本的官僚体制根深蒂固，但由于"最强的一族"的议员们汇集多元性利益，和官僚直接对抗，从而推动了福利政治的多元化。日本的福利政治的多元化可以说与20世纪70年代初的福利施压和社会保障支出的增加有关，这一点笔者在后面还会论述。

但是，与福利政治相关的利益团体、政党、官僚之间的关系在福利、医疗、年金等福利政策的下层领域中都各不相同，并且，在福利国家的形成期、衰退期和重编期也是有变化的。

说到政策领域，日本的医疗、福利服务领域里医师会等

第 2 章 如何认识福利政治

利益团体的动员作用很大；但在受益者团体的发展尚未成熟的年金领域，官僚的主导作用却很大（中野，1992：74~75）。另外从时代的区分来看，如后文所述在20世纪70年代初期的"福利元年"的前后时期，在执政党和在野党实力相当的背景下，厚生族为了实现社会保障的扩大，直接施加了巨大的政治压力。20世纪80年代在进入福利削减期后，重视制度持续性的官僚群体的主动权得到强化，他们修改了《健康保险法》，导入了基础年金。当时，与其说"最强的一族"的议员们的作用减弱了，不如说其高度的专业性强化了其与持有相同问题意识的官僚的合作（大岳，1994：158）。

不论是多元主义还是团体协调主义，政策过程都有可能发展成与体制的转变息息相关的"政治斗争过程"（山口，1987：86~90）。沃尔特·科皮（Walter Korpi）、艾斯平-安德森等人的权利资源动员论不是把政策过程当作常规型的政策决定的反复，而是当作各种政治势力的政治资源被动员和积蓄的过程，因此可以理解为一个与体制转变相联系的过程（Korpi，1983；Esping-Andersen and Korpi，1984）。

例如，当劳动运动等个体利益的组织化和动员促进制度变化、政策过程的团体协调主义特点被强化时，实现劳动运动利益的效率将得到进一步的提高，同时日本也向社会民主主义体制迈进了一步。当然，相反体制转变也可能促使社会民主主义体制向自由主义体制靠近。

但是，要想了解最终实现体制转变这种制度的根本性转变的动态过程，就有必要在福利政治的另一个次元，即话语政治的基础上去研究。

3 作为话语政治的福利政治

话语政治与政治操作

如果仅把福利政治当作众多势力分别主张自己的利益、互相交涉或对决的过程来分析，结果也仅仅是表面性的议论。需要注意的是在各种话语或操作的影响下，人们是如何判断相关政策的影响以及对自身利益的认识又是如何被左右的。也就是说，有必要将福利政治当作话语政治来分析（宫本，2006a；近藤，2007；西冈，2007）。当福利体制和雇佣体制无法为人们提供足够多的便利，或不得不对体制进行巨大的转变，尤其是在人们的利益处于流动化状态的时候，话语政治变得更为重要。

尤其是被前者的状况动员的政治形态就是肯特·韦弗（R. Kent Weaver）所说的"逃避责备的政治"（Pierson，1994；19-26；Weaver，1996）。政治家会尽可能为选民提供便利，再将业绩活用到再选中。韦弗将其称为"收获业绩的政治"。但是，比起业绩的收获，政治家更加重视的是不损害选民的利益，以避免受到指责。这是因为选民会很快忘记被提供的便利，但却不会忘记被剥夺的既定权利。

在国家财政捉襟见肘的背景下，各个国家的社会保障成本也在不断被削减。也就是说，政治家所担心的情况增多，为了避免选民的责难而不得不使用各种各样的手段（Weaver，1986：373-382）。

针对在这种背景下展开的"逃避责备的政治"，韦弗将几种战略进行了归类。但是这里要介绍的是将韦弗提出的类

第2章 如何认识福利政治

型重新进行整理的新川敏光提出的类型。作为有代表性的"逃避责备"的方法，新川提出了不让招致责难的争论浮出水面的"议题的限制"、补偿政策的准备等"争论的再定式化"、政策决定者及政策效果的"可视度的下降"、煽动不同团体间对立的"替罪羊的发现""超越党派的共识的达成"（新川，2004：304～305）。保罗·皮尔逊（Paul Pierson）指出，英国的年金削减之所以能够进行下去，是因为和美国相比英国的制度被分割，受益者被隔离，抵抗也随之减小。而低收入者的收入保障的削减没能够进行下去是因为政策很难掩盖削减的效果，而且要为其准备补偿也不容易（Pierson，1994）。

另外，人们也反对对自己没有任何恩惠的财政支出。20世纪70年代末期的美国就是一个例子。自70年代末期起，美国的白人中产阶级开始强烈反对针对黑人母子家庭的福利支出。在选民中存在利益的对立，因此像这样为了单方面的团体而制定的政策和财政支出会招来没有得到任何恩惠却承受着税收负担的团体的批判。尽管如此，当无法靠政治理由阻止这种财政支出时，作为摆脱这种政治窘境的（临时性的）对策，政府会尝试使遭受责难的支出或项目不那么容易被发现（Annesley and Gamble，2004）。

在日本，自20世纪70年代末期开始，城市新中产阶级开始强烈反对自民党实施的面向地方的利益诱导和财政支出。但当时的自民党对地方投票的依赖度依然很高，没有像之后的小泉那样大胆地削减利益诱导。自民党一边尝试面向城市新中产阶级表演行政改革和建立"小政府"，一边持续或扩大面向地方的利益诱导，尤其是在公共事业方面。本书第4章将把这一发展作为日本福利政治的一大转折点进行论述。

话语政治与政策转变

话语或观念的作用超越单纯的政治操作，进一步影响人们对自身利益的认识或认识的形成，或引起政策的根本性转变。尤其是当话语或观念与制度或政策的根本性重组联系在一起时，人们在考虑什么是自身利益时很容易受话语政治的影响。因为在不稳定的制度条件下，人们的利益也被置于极不确定的状况中（Blyth，2002）。

彼得·霍尔（Peter A. Hall）将观念与政策相连的形式分为三种（Hall，1993：281 – 287）。第一，不改变原来的政策目标，政策手法或技术也不变，仅在利益调整中采用新的观念。这种情况下的政策过程，即渐增主义过程，属于遵循原来调整方法的微调过程。第二，政策目标变化不大，但为实现目标而采用的手段或方法被新的观念改变了。与之相比，第三种形式则是与政策目标本身相关的范式迁移，即转变机制本身。

在第三种形式中，既有的范式无法解决的问题不断增加，制度内部的权力关系也以某种形式发生变化，同时还涉及选举等外部的政治压力或媒体。关于第三种形式，霍尔以英国为例进行说明。英国进行的经济政策的范式转变在1979年的选举中达到高潮。在英国，自20世纪70年代末期起，不景气和物价上涨导致滞胀，凯恩斯主义的范式没能提出有效的解决办法；团体协调主义的劳资交涉提出的收入政策也没有起到作用。

这种情况下的货币主义将主张扩大货币供给的凯恩斯主义经济政策视为无效，打出了自我调整市场的旗号。这一主张通过媒体、经济记者逐渐被接受，深入人心。在1979年

第 2 章　如何认识福利政治

的总选举中，玛格丽特·撒切尔全面推出新范式从而一举取得了胜利。掌握政权后的撒切尔为了便于实行货币主义，组织了以货币主义者为中心的内阁经济委员会，并指名同派别人员担任财政部的经济顾问主管。

在日本，与这一事例相呼应的是在小泉政权下达到顶峰的"结构改革"话语。进入 20 世纪 90 年代，受泡沫经济崩溃的影响，日本的信誉大打折扣，改革体制的呼声高涨。由此而展开的"结构改革"话语通过经济财政咨询会议等政府的决定性中枢传出，获得支持，人们对制度的根本性改革充满期待，包括原本被认为会因市场主义改革而受到打击的群体。

为何话语和观念很重要

20 世纪 90 年代后期以后日本政府对社会保障制度进行调整，这个时期话语和观念的作用变得尤为重要。

为什么话语和观念的重要性会提升呢？其一般意义上的社会背景正如本节所述。首先，社会保障制度产生了固定的受益者团体。在这种情况下，要想削减社会保障，就需要可以弱化人们抵抗的各种话语和操作。而且，一旦更加根本性的制度转变成为争论点时，人们一定会不清楚自己到底期待什么样的生活保障方式。当然，需要稳定的工作和收入这一点是很清楚的。但当旧制度动摇时，人们就很难明白到底什么样的新政策能够保障他们的生活。此时，像"结构改革"这种能够激起人们对改革成果期待的话语就变得重要了。

此外，还可以列出三点。第一，像劳工组织或受益者团体等这些汇集人们的利益、在政策过程中代表人们利益的力量在减弱。伴随着脱工业化的进展，各政治势力的支持基础变得流动化，以前的组织性政治、团体协调主义陷入了机能不全的境地。保守主义政党面临的是一直以来依赖的传统价值及共同体的动摇。而随着制造业中劳动者的减少，社会民主主义政党也面临着劳工组织的领导力下降问题。

迄今为止，只要从属于劳工组织或业界团体，所属团体就会探讨各项政策对所属成员生活造成的影响，作为一个组织进行对策研究，并和政治家进行交涉。但现在，这样的成员制作用减弱了。即使在形式上从属于某一组织，很多情况下，成员的意见并没有反映在组织的共同决定中。

第二点应该列出的是有关社会保障或雇佣人员的利益多元化。女性和外籍人员的特殊利益、各个地域的个别利益被广泛认知，劳动者、个体经营等单一类别已无法包罗所有民众的自我认同。即使某项制度改革与男性劳动者占多数的劳工组织的利益相一致，这项制度也很有可能并不符合女性劳动者的利益。

在脱工业化社会中，不断变化的组织自我认同的多元化大大增加了人们利益的不确定性。与此同时，对某一个别利益进行关照的组织或政党体系也失去了有效性。

第三，包括议会内阁制的国家在内，一再进行被称为"总统制化"的政治集权化。从以首相为首的上层政治扩大到了利用媒体的话语政治。在日本提出"结构改革"的小泉政权就是这一"总统制化"趋势的代表之一（Poguntke and Webb，2005）。

话语政治和政治制度

虽然现在无论是在哪种福利体制下，各国都在进行基于

第2章 如何认识福利政治

市场主义话语的改革，但其进展的程度因体制而异。在同一体制内，市场主义话语与选举制度等的关系不尽相同。话语政治有可能关系到制度的根本性转变，但因受福利或政治制度的影响，其内容或形式也会被左右（内山，1998：41~48）。薇安·A.施密特提出了从与制度的关系上理解话语政治的理论框架。施密特在福利国家的不同体制类型和选举制度的基础上，对各国的话语政治进行了比较分析。

施密特将话语分为两种：一种是政治家、实业家、专家等政治性行为主体间相互交换的"公共话语"（coordinative discourse）；另一种则是这些政治性行为主体、以市民或选民为对象、以媒体为媒介开展的"交流话语"（communicative discourse）（Schmidt，2002）。

公共话语与其说是媒体华丽地推出的言论，不如说是政治性行为主体达成共识或调整认识的言论；而交流话语在近年的日本政治中则被用来应对所谓的剧场政治或媒体政治。

在权力倾向于集中在执政党领导人身上的小选举区制度或两大政党制度下，交流话语的作用较大。与之相对应，在权力有着分散倾向的比例代表制或多党制下，政治精英间的公共话语的作用则相对较大。但精英之间调整失败、通过选举重组时交流话语的作用会增强（Schmidt，2000：232-233，Schmidt，2002）。

在日本的福利政治中，曾经很有影响力的"日本型福利社会"论带有浓厚的"公共话语"色彩。其后，口语话的表述增加，在小泉政权时期"剧场政治"等词语也曾流行过。虽然小泉首相的角色作用也很大，但更多人认为其背后情况是这样的：经过90年代小选举区制度的导入和向两大政党制的靠近，执政党内派阀的调整能力减弱，首相集权性质的指导力量增强（竹中，2006）。虽然和上一小节提到的"总统制化"有重合之处，但无论如何，这样就加大了公共话语与交流话语的作用。

4 如何认识制度的变迁

在上一章中对支撑生活保障的制度进行了思考，本章则对促进该制度转变的福利政治的状态进行了整理。但是，什么是制度的转变？不管是年金制度还是医疗制度，和社会保障、雇佣相关的制度都需有稳定性和持续性，不到万不得已是不会被一举全面修改和废除的。如要尝试这样做，各项制度的受益层一定会进行强烈的抵抗。

但这并不意味着制度的转变不会发生。政府有时为了逃避责备而避免了明显的制度修改和废除，政府的参与度在不断降低。例如，20世纪80年代日本医疗制度改革和年金改革中政府用来自其他组织的健康保险、厚生年金的酬资来掩盖国民健康保险、国民年金的财政问题。相反，看起来政府好像正在削减社会保障支出，但也会有通过扩大雇佣等方式使生活保障水平得到维持的情况。

考虑到伴随着制度的明确调整或置换而引起的抵抗，政府在很多情况下会以制度的实质性的机能转变或转用的形式进行制度转变。在对这种情况进行分析时，福利政治论中的制度转变的多样性、现实性过程得到人们的重视。

首先可以想到的是某项制度被转变成和以前完全不同的制度，或代替其他制度。凯瑟琳·西伦（Kathleen Thelen）称这种战略为"制度转换"（conversion）。每项制度都有一个固定的机能、拥有特定的支持层，有必要重新审视这一

第2章 如何认识福利政治

点。

德国的职业培训制度原本是在19世纪末为培养对抗社会民主主义劳动运动中的熟练工人而导入的，但逐渐被定位为劳工组织运动所需要的制度，凯瑟琳以这一经过为例进行了分析。职业培训制度从熟练工、手艺人阶层夺走了技能形成的主导权，削弱了工人自身的组织。其后随着技术的革新，普通劳动者开始需要这种培训制度，职业培训制度就作为符合更广范围的劳工组织的利益制度被转用了（Thelen，2003：222-225）。

另外还有一种战略叫作"制度层叠"（layering）（Schickler，2001：252-254）。这种战略不是对既有制度进行修改，而是附加与该制度并行的其他制度，从而减弱既有制度的作用或转变其机能。

瑞典的保育和公共教育就是一个例子，虽然公共制度不会变成直接修改的对象，但民间设施的增加却得到了原来使用者的支持（Streeck and Thelen，2005：23）。此外在美国除公共年金制度外还设立了个人退休金账户（Individual Retirement Acccount）、401k计划等私人色彩很强的年金制度，减少税收制度上的相关手续、使用限制等。

20世纪80年代初美国实行了"制度层叠"，将原本仅限于一部分不在企业年金的受益范围内的受雇者使用的个人退休金账户面向所有受雇者开放。其结果是许多人从公共年金转向了个人退休金账户。这样，以既有的个人退休金账户为前提，放宽其使用限制从而在不进行修改的情况下造成了公共年金制度的空洞化（Hacker，2002：163-172；Hacker，2005）。

此外，雅各布·S.哈克（Jacob S. Hacker）强调的是面对制度所在环境的巨大变化，不促使制度去适应新环境而是搁置不管，可谓是一种间接地降低制度应对风险能力的战略。这种制度被称为 drift，为了体会其微妙之处在这里笔者将其译为"制度漂移"。哈克指出，美国保守派在公共年金的实质性缩减上采用了"制度层叠"战略，而在医疗制度的转变上采用了"制度漂移"战略。

美国的医疗制度是一种以雇佣为基础的制度，除了面向低收入人群的医疗辅助保险和以老年人、残疾人为对象的保健医疗制度外，还有在税制上享受优惠政策的民间医疗保险，其中很多都伴随雇主的醵资。但是随着劳动市场的变化，在1979~1998年无法享受这种以雇佣为基础的民间医疗保险的人群比例，从66%减少到了54%，以低收入人群为主的无保险人员增加了。即使不改动既有制度，随着环境即劳动市场的变化，制度的衰退也会自然发生，完全不需要做出调整（Hacker，2005：57-62）。

哈克将以上三种制度转变战略与制度的直接性废除、置换合并在一起，总结为图1的矩阵图。其中关于制度的修正和废除，哈克认为，即使对于政治环境或对象制度的抵抗很小，也有可能发生"制度废除、制度置换"，但这并非普遍情况。虽然对制度本身的调整很困难，但只要有条件制定新制度就可以选择"制度层叠"；相反制定新制度的条件并不成熟，但制度本身可做调整时则可以选择"制度转换"；如果以上两种情况都有困难，而制度所在环境的变化比较显著时，"制度漂移"就成了有效的选择（Hacker，2005）。

本书将要分析的是在日本福利政治的发展过程中，原本属于后发资本主义下的开发主义制度的公共事业、中小企业

第 2 章　如何认识福利政治

对制度转变的对抗

	高	低
政治上维持现状的意愿　高	制度漂移（drift） 针对环境的变化不采取措施而引起既有政策的实质性转变 例，既有制度的风险应对能力的降低	制度转换（conversion） 既有制度的转换 例，作为公共辅助的私有年金的重组
政治上维持现状的意愿　低	制度层叠（layering） 在不废除既有制度的基础上推出新政策 例，个人退休金账户在税制上享受优惠政策	制度废除、制度置换 （elimination/replacement） 例，儿童家庭扶助制度的废除

图 1　制度转变战略的矩阵图

资料来源：Hacker，2005：48。

金融等为了维持雇佣、保障收入而逐渐被"制度转换"的原委。

5　战后福利政治发展的三个阶段

福利政治形成了福利体制和雇佣体制，并将二者联系在一起，在维持和转变上通过各种利益动员、话语、制度转变战略一路发展而来。

各个国家的战后福利政治的发展可大致分为三个阶段，即在各国形成福利体制、雇佣体制的基础结构的福利国家形成期，在财政赤字和低增长的背景下国家被迫削减福利的福利国家衰退期，在全球化和脱工业化的基础上对福利国家的根本性革新进行摸索的重组期（宫本，2006a）。

虽然日本的福利政治可以说与这三大阶段大致对应，但形成期较晚，同时在有关雇佣体制的改革动向等方面也展现了独有的发展特点。

体制形成期的政治

在欧美国家,从 20 世纪 40 年代到 60 年代形成了福利体制和雇佣体制的原型。如何形成福利体制和雇佣体制并将其联合起来是这一时期的福利政治的课题。

关于福利国家的形成,大多持近代化论的人认为,起初是伴随着各国产业化的进展与经济增长,之后则是自动发展而成的(Wilensky,1975)。而站在权利资源动员论立场的艾斯平-安德森、科皮等人则提出正是政治的主动权形成了福利体制、雇佣体制,并使这一观点成为多数派见解(Korpi,1993;宫本,1997)。

他们认为劳工组织的组织化程度、社会民主党等政党势力决定福利国家的发展方向。同时他们还重视福利国家的多样性,主张掌握主导权的政治势力不同,形成的体制也会不同。在第 1 章中介绍的福利体制的类型论就是在这样的议论中产生的。

与之相对,其他学者则阐明了除劳动运动影响力以外的要素意义。例如伊莎贝拉·马雷斯(Isabela Mares)认为,经营者为了劳动者技能的有效利用而发挥的主动权对失业保险制度等的发展很重要(Mares,2003)。彼得·斯文森(Peter A. Swenson)重视在劳资双方的联合中诞生的雇佣政策、社会保障政策所造成的劳资双方的利害关系(Swenson,2002)。而重视国家制度结构的西达·斯考切波(Theda Skocpol)等学者则关注政策决定的制度结构能否接受新的政策建议(Orloff and Skocpol,1984)。但这里就不对这些争论做深入分析了。

在福利国家形成的政治中,社会民主主义势力、自由主

第 2 章 如何认识福利政治

义势力等诸多政治势力一边承受来自有组织性的劳动运动的政治压力，一边以之前的政治经济制度为前提，竞相形成基于各自理念与利害关系的福利体制和雇佣体制，这是重点所在。

像日本这种后发型资本主义国家，形成福利国家的时期是 20 世纪 60 年代至 70 年代。20 世纪 50 至 60 年代初，福利国家国家主义在保守政党中萌芽。但是比起形成福利国家这一课题，不久经济增长优先的立场就占据了上风。同时，原本用于经济开发的诸多制度的比重也增加了。之后，快速的经济增长导致的社会紧张和保守政党的政治优先的主张导致日本式福利体制的扩大。

在这一意义上，"福利元年"前后的日本的体制扩大是基于政治理论的产物，但那只是权宜性的维持政权的政治，与体制整体规划相关的想法或理念则极其缺乏。

福利削减期的政治

经过两次石油危机进入 20 世纪 80 年代以后，以美国、英国为首的国家开始尝试削减福利。这一时期的福利政治被认为与体制形成期大不相同。

皮尔逊（Pierson）将福利削减期的政治模式化，并和形成期的政治进行了对比。皮尔逊对 80 年代的撒切尔政权和里根政权下的福利政治进行比较研究，发现从社会保障支出所占 GDP 的比例来看，福利并没有被削减。权利资源动员理论所重视的劳动运动在美国一如既往地缺乏强有力的支持，在英国更是不再像以前那样有政治影响力。即便如此，为什么显著的福利削减没有出现呢？皮尔逊认为这是由于暂时确立的福利国家的政策和制度制造出了"制度黏性"

(institutional stickiness)。

什么是制度黏性？首先，定型后的制度发挥了所谓的锁定（lock in）效果，提高了改革的成本。例如，要维持既有的制度，导入和规划新制度的成本、学习如何运用新制度的成本以及和其他参与人员做利害调整的成本等至少短期内会被消耗（Pierson，2001：414 – 415）。

此外，社会保障等制度一旦确立，就会产生享受制度恩惠的受益者层，他们就会对制度改革进行强烈抵抗。而且，由于各种团体以这些制度为基础战略、成立组织进行活动，制度本身会逐渐变得坚固。这一现象被称为"正的反馈"或"收获递增"（Pierson，2001）。

因此，在这一阶段要想一边减少受益者团体的抵抗一边进行福利的削减，之前论述过的话语政治和政治操作就变得不可或缺了。有时某项制度或政策成为纳税人批判的目标，而这一制度的受益者团体的政治支持也不可或缺。这种情况下就需要一种操作使纳税人看不清该制度或政策的实施。有学者将这种操作看作"逃避责备"的形式之一，称之为"逃避业绩"的战略（Annesley and Gamble，2004：157）。

在日本，20世纪80年代前期以第二临时行政调查会为舞台的行政改革和中曾根政权就属于福利削减期的政治。日本在这一时期也尝试了福利的削减，但是这一时期日本的福利政治并没有像撒切尔政权和里根政权一样具有新自由主义的色彩。虽然早在形成期政府就将生活保障的基础定位在雇佣体制上，但这一时期日本式经营和"土建国家"继续延续，只是在城市人口规模不断扩大的新条件下，政府采取了降低"土建国家"可视度的方法。

第2章 如何认识福利政治

体制重组期的政治

进入20世纪90年代,削减福利的政治有了更明显的变化。

一方面,有人指出和80年代相比,这一时期更加实质性的社会保障正在解体。虽然社会保障支出的整体规模并没有变化,但失业补助等扶助性发放增加,针对收入的社会保障发放的替代率在下降(Korpi and Palme,2003)。也有一些主张认为有关福利国家的核心计划,即制度改革是从90年代末正式开始的(Hemerijck and Kersbergen,1999:172)。

另一方面,一部分社会保障、公共服务也增加了。在此之前一直限制保育、看护等服务供给的保守主义体制为了应对这些领域的"新的社会风险"(Taylor Gooby,2004)、女性就业的扩大,开始强化保育、看护服务。在撒切尔改革之后的英国,以克林顿政权和布莱尔政权下的"第三条路"言论的兴起为契机,政府不再单纯地削弱福利体制,以制度革新为目的的行动开始增加。战后的福利国家体制与其说是以既有的框架为前提,不如说是进入了根本性的重组阶段(Jenson and Saint-Martin,2002)。

日本被认为从20世纪90年代中期开始进入了这一体制的重组期。经过"结构改革",雇佣体制解体。而福利虽然被进一步削减,但随着原本是生活保障基轴的日本式经营、"土建国家"的解体,要求由新的保障体系来代替的呼声也越发高涨。

第3章　20世纪六七十年代的福利政治
——雇佣体制和福利体制的形成与联合

本章将分析日本型福利体制、雇佣体制是如何形成的，主要以20世纪60年代到70年代的政治为中心进行论述。可以说这一时期日本的支出规模达到了福利国家的水平，雇佣体制的框架基本形成。

而在此之前的战争时期日本的福利体制的制度性特征就已开始显露。而形成雇佣体制的一系列制度与支撑战后复兴的开发主义体制也密不可分。之所以能够发展到这一时期，是因为日本型雇佣体制强化了实质性生活保障的机能，福利制度开始出现，而且这二者联系紧密。

1　福利体制框架的形成及相关言论

战争时期框架的形成

单说福利体制的制度性特征的话，日本的福利体制与欧洲大陆的保守主义体制有着相似的结构，即以男性劳动者的加入为主的社会保险是社会保障的基轴；政府依据不同的职业领域分别设立社会保险；先实施公务员的抚恤金制度和一部分基础产业的劳动保险，再将其他的职业领域型、地域型的社会保险如缀布拼图般连接起来。这里可以很明显地看到制度之间醵资、支付条件的差距。

第 3 章　20 世纪六七十年代的福利政治

以下从历史的角度来追溯这种制度的形成过程。1922年颁布的《健康保险法》，次年开始被运用于雇用10人以上的矿产工业的主要部门。但是受保者的增加是从1934年强制保险的对象扩展到5人以上的部门之后开始的。关于健康保险，当时正值日中战争开始时期，国家对国民的体力和健康的关心度上升。1938年颁布了《国民健康保险法》，该保险虽然是任意保险但农民阶层也被纳入了保险范围；1939年颁布了《职员健康保险法》等。进入40年代，政府大力宣传"全民皆保险"。截至1943年，健康保险和国民健康保险的受保者合计达到了将近5000万人（吉原、和田，1999：44～108）。

关于年金，1941年日本政府通过并颁布了《劳动者年金保险法》。这是劳资双方进行酿资的收入比例型年金，强制保险的适用范围是健康保险法适用范围内的、10人以上的部门。尽管设立了年金制度，但太平洋战争中的战时体制却起到很大的作用，政府企图通过征收保险费来筹措战争费用、抑制战时的通货膨胀。之后在1944年，与健康保险相同，年金保险的适用对象扩展到了5人以上的部门，而且还包括职员和女性。制度的名称（因人们不喜欢劳动者这一称呼）也被改成了厚生年金（横山、田多编，1991：58～60）。

理查德·蒂特马斯（Richard Titmuss）强调社会保障体制的发展与战争之间的紧密联系，在这一点上可以说日本也不例外（山本，2007）。只是日本没有像英国那样通过提出战后体制的构想（《贝弗里奇报告》）弘扬斗志，而是试图将医疗保险带来的健康增进和年金保险基金等这些社会保险自身的机能编入战争的体制中。

在这种分立型社会保险的基础上，战后政府又导入了由盟军最高司令官总司令部（GHQ）制定的生活保障制度，1950年颁布了明确提出要保障生存权的《（新）生活保护法》。在此之前的1947年颁布了《儿童福利法》，1949年颁布了《残疾人福利法》，从而形成了所谓的"福利三法体制"。这一体制被认为是日本社会保障制度成形的标志。

全民皆保险、皆年金

虽然处在分立式制度的环境下，但战后的日本在独立之后，很快在1961年就实现了"皆保险、皆年金"，也就是实现了所有的国民都是健康保险和公共年金的受保者。除了日本，实现全民皆保险的只有北欧的两个国家。而在实现全民皆年金的国家中，日本是第12个实现这一目标的国家。关于健康保险，战时导入的国民健康保险制度成为地域保险的基础，但年金的基础就只有战争结束时的厚生年金等各职业领域的年金。但不管是哪种制度均发展得极其快速。

当然，虽说是"皆保险、皆年金"，但实际情况也并非一致。从国际劳动机构（ILO）的社会保障支付规模来看，1960年社会保障支付占国民所得比重的情况如下：日本仅为4.9%，同年的西德是18.5%，法国是16.3%，英国是12.3%。由此可以看出日本就像是一名落后于别人一圈以上的赛跑者（富永，2001：249）。但是，就算只是形式上，也不得不承认日本通过达到皆保险、皆年金这一目标而获得能量。值得注意的是，实现"皆保险、皆年金"之后，与被占领时期相比，国内的政治言论、权力关系都开始更加直接地发挥作用。

第 3 章　20 世纪六七十年代的福利政治

这一时期，尽管日本已进入了高速的经济增长时期，但许多农林渔业从业者、中小企业的劳动者、大企业周边的不稳定就业人员的生活却完全没有得到改善，也就是说出现了双重结构。在一个富裕的国家进入发展进程时一部分人被排除，这和废墟中的贫困是完全不同的两回事。

因此，当以"保守合同"（1955 年 11 月）为契机形成五五年体制时，消除差距的社会保障成了很大的争论点。特别是 1958 年在"保守合同"之后成立的自民党与社会党首次对峙的总选举中，两党都将国民年金和国民健康保险放在政策承诺的中心位置。实施地方敬老年金制度的自治体开始增加，受到了一致好评，这也提高了人们对社会保障的关心度。

体制的形成与两个福利国家论

在日本福利国家开始形成的阶段推行"皆保险、皆年金"体制究竟是受何种政治势力意识形态的影响呢？艾斯平－安德森等人在总结福利国家类型的同时重视的是政治势力的性质。日本不存在如社会民主主义或基督教民主主义体系的、持续性的意识形态。于是在这一时期，一种开发主义的国家主义成为制度形成的推动力。

首先在经济企划厅等机构的增长战略中有把消除差距作为经济增长的重要条件的想法。要想保持持续性的增长，将易被快速增长剩下的农业部门和个体经营者纳入社会保险范围、缩小差距是很有必要的。曾担任企划部部长的大来佐武郎是当时经济企划厅有影响力的经济官僚之一。在岸信介内阁成立之后的经济审议会上，大来以"党的要求"为借口，极力主张有必要通过社会保障来提高国民生活的最低水平

(河野，2002：174）。

1958年的《经济白皮书》主张为了经济的稳定增长，不能只是过多地投资。白皮书还认为为了"国民生活的均衡性发展"，提高后进产业部门的收入水平是很重要的，并要求有"一系列的社会保障政策并增加相应的国库负担"（经济企划厅，1958：378～379）。

不管政治家如何，在日本首次将福利国家列入政党纲领的是日本民主党，受其影响，通过"保守合同"成立的自民党也在其纲领中将"建设福利国家"与"建设文化民主国家""实现独立自主"并列放到了一起。

这些政策中并没有有关福利国家的具体前景的表述。但是，也不是说全部是一纸空文。在"保守合同"的准备过程中，以和社会党的对抗为背景，自民党中不断有将建设福利国家作为新党重要课题的声音（中北，2002：236～238）。当时自民党的周围有两种福利国家论（田名部，2007）。一种是一边迎合经济企划厅的议论、一边又强调国家主义的岸信介流的福利国家主义。另一种是以石桥湛山为首的生产主义福利论的谱系，这一流派后被试图用经济增长代替福利的池田勇人继承。

1956年12月组阁的石桥湛山随即发表了"五项誓言"，除了国会活动正常化、严肃政界和官场纪律、扩大就业和增加生产、确立世界和平等内容外，将建设福利国家也列入其中，在预算中也提出了"国民皆保险四年计划"。应该说在这里石桥强调的是生产主义的福利国家。

关于福利国家，石桥主张"我们将首先大力扩大生产，在此基础上再去进行福利国家的建设"。石桥认为，只有发挥主动权、实现就业的扩大才是建设福利国家的第一步。同

第 3 章　20 世纪六七十年代的福利政治

时，除了不断被争论的国民保险制度外，他还强调了"住宅的建设""充实教育及其他设施"等的意义（石桥，1970）。

与此相呼应，次年即1957年2月诞生的岸信介政权则将重点放在覆盖广泛的国民社会保障制度的实现上。岸在1958年5月总选举的首次演说中就提出"国民年金制度是这次政策承诺中最值得注目的一点，将从（昭和）三十四年起逐步实施，期待社会保障的划时代的进步"，并表明"坚信这是朝着福利国家建设迈出的一大步"（近藤，1961）。

总选举结束后，自民党成立了国民年金实施对策特别委员会，任命野田卯一担任委员长。该委员会汇总了醵资制的国民年金纲要，受保者是除了现行公共年金适用者以外的全体国民。野田还提到连欧美等发达国家都还没有实现"皆年金"，并明言"即使西欧人没能实现，在日俄战争中取得胜利的日本是有可能实现的"（Campbell，1992）。

岸在后来还这样说道："虽然有些人认为岸内阁时期形成的社会保障和福利的基础不像我做出的事情，或者说和我联系在一起不协调，但真正不协调的应该说是对我的这种评价。我对这种评价并不感到意外，我是不会在乎的"（岸，1983：478）。

与石桥的生产主义福利国家论相比，岸与野田的论点的共同之处在于通过消除差距来宣扬国家主义。石桥政权放弃了一直持续到鸠山政权时期的紧缩型经济自立化路线，提出了积极的财政政策，岸政权也继承了这一点（空井，1993）。但是再深入一步对比社会保险的话，就可以看出两个政权的不同之处。

从福利国家国家主义的转变

首先看一下在两种福利国家论的交错中提出的"皆保险、皆年金"政策。

关于年金，在战后的通货膨胀中长期处于机能停滞状态的《厚生年金保险法》于1954年被修改，作为一项将报酬比例部分纳入定额中的制度重新发挥作用。在双重结构的背景下，虽然作为厚生年金受保者的大型企业的正规劳动者并没有增加多少，但加上有些泛滥的各种互助年金的加入者，受保者仅这一时期就达到就业人口的1/3左右。在这种情况下，岸内阁于1958年通过内阁会议制定了《国民年金法案》，次年（1959年）该法案在国会上通过。其结果是将未享受厚生年金的五人及以下的小企业的从业人员、个体经营者纳入其中，由此实现了所谓的"皆年金"。

这种"皆年金"的实际情况则是不同年金制度的缀布拼图。在厚生省内部，或者在社会保障制度审议会的内部也有过一元的基础年金的构想。但因认为其实现有难度，社会保障制度审议会就以暂缓一元化的形式进行了答复，厚生省的官员们也将基础年金的实现搁置起来，但1961年实现了使制度间的交叉运用成为可能的通算制度（Campbell, 1992）。

那么"皆保险、皆年金"的另一个支柱，即医疗保险，则经历了怎样的发展历程呢？医疗保险在战后陷入了财政破产的困境，未享有医疗保险的人员在1956年这一年度上升到了国民人口的1/3。以1953年从国库抽出两成的补助交付金投入国民健康保险为契机，实施国民健康保险的市町村急剧增加（横山、田多编，1991：133）。

第 3 章　20 世纪六七十年代的福利政治

在这种情况下，石桥内阁正式提出了国民健康保险的皆保险化策略。继承了这一策略的岸政权，在 1958 年 12 月的定期国会上通过了《国民健康保险法》，规定市町村有义务到 1961 年 4 月全部施行国民健康保险。就这样，在医疗保险方面，于 1961 年成立了皆保险体制（近藤，1961）。

但是，岸的福利国家主义与围绕着安全保障的亲美国家主义是不可分割的。因安保的修改而产生的政治危机使岸引咎辞职。其后的池田内阁则贯彻"低姿态"，转向了重视增长的路线。

池田勇人原本就对岸内阁急于完善社会保障的做法持有意见。池田认为岸受制于社会党，并主张比起"如何分鸡蛋"，"增加鸡蛋的数量"才是更重要的（田名部，2007）。在池田内阁执政期间，伴随着国家主义的衰退，再分配理论也退居幕后，重点开始转向"做大蛋糕"的路线上，即"国民收入倍增计划"。

与岸时代相比，支持池田的收入倍增计划的经济官员们的想法也发生了变化。大来佐武郎提倡重视需求的经济增长论，而与此相对，堪称是池田智囊的大藏省的村治则提出了重视供给方的增长战略。同样都是收入倍增论，但与岸、经济企划厅所提倡的不同，池田、下村有着将日本纳入国际货币基金组织（IMF）的意图（河野，2002）。

2　雇佣体制的形成

地区开发的推进与界限

这样池田内阁（就）明确了先于"皆年金、皆保险"

实质化的再分配政策，转向优先"做大蛋糕"发展经济这一路线。池田比起岸更接近石桥，但是和石桥相比，其用增长来代替福利的志向更加明确。池田的"国民收入倍增计划"中也有再分配政策的相关内容，但也只是通过再分配使发放的收入占国民收入的比例从基础年度（1956～1958年度平均值）的 4.8% 上升到目标年度（1970 年度）的 6.1%，从一开始池田就放弃了追赶欧美福利国家的这一目标（正村，1985：162）。

这样一来，将"做大的蛋糕"分给地方的系统装置就不可或缺了。池田内阁于 1960 年 12 月通过内阁会议决定"国民收入倍增计划"时，同时还确定了"国民收入倍增计划的构想"，强调要降低因中小企业的近代化引起的双重结构的影响，促进后进地区的开发，消除因公共投资引起的地区间差距等。放弃实现和发达国家一样的社会保障，取而代之的是一边消除差距一边实施收入倍增计划。而这一计划则由 1962 年决定的"全国综合开发计划"（简称全综）来实现。

政府以据点开发的形式，一方面遵循之前的太平洋地带构想，重视效率，另一方面又通过"新产业城市"的指定使开发据点向地方扩散。这一时期自民党也在政务调查会上召开各种各样的部门会议，设立调查会，一个将经济增长与地方的生活保障联动起来的系统不断得到完善（御厨，1995）。同时地方的开发热情也高涨起来，请愿交战白热化，地区开发的浪潮涌向全国。

然而地区开发并没有很顺利地就与人们的安定生活连接起来。东京奥运后之后池田因病引退（1964），接任的佐藤荣作首相认为收入倍增计划只将重点放在了工业基础的完善

第 3 章　20 世纪六七十年代的福利政治

上，忽略了生活基础的完善，因此通过"社会开发"纠正这一弊病。佐藤内阁执政期间，于 1969 年制订了"新全国综合开发计划"，基本形成了以大型工程为中心的架构，地区开发推动了资源和人口向太平洋地带集中（加茂，1993：70）。60 年代后期形成了这样一种构造：从业人员的人均实质收入差距在制造业和农业之间开始加大，而这又反过来加快了人群离开农村的速度（升味，1985：450）。

作为雇佣体制的"土建国家"

田中角荣内阁于 1972 年 7 月登场。在池田内阁时代田中就已经作为政务调查会会长参与全综的制订，之后又历任大藏大臣等职务，并主导地区开发。20 世纪 60 年代后期高速增长引发了诸多矛盾，在政治直觉出类拔萃的田中处理政治危机的过程中，日本型福利体制、雇佣体制开始成形了。关于这一时期福利体制的发展笔者将在下一节中详述，这里主要论述雇佣体制的形成。

首先了解一下狭义的雇佣政策。在产业结构急速转变的过程中，一方面技能劳动者不足，另一方面中老年劳动者的就业又成为问题，于是劳动力的平衡就成了一个课题。虽然将从 40 年代末开始进行的失业对策事业的扩大作为直接雇佣政策，但自 60 年代起，政策的重点开始转移到能动地对应产业结构上了（久米，1998）。

1958 年政府制定了《职业培训法》（现在的《职业能力开发促进法》），完善了公共职业培训制度。1960 年的《雇佣对策法》中又明确表示将实现全员雇佣作为国家的政策目标，要求国家制定综合性的雇佣政策。此外，1974 年失业保险制度被重新审视，并作为雇佣保险制度被重编。在此基础上政府又依据保险特殊会计推进了雇佣改善事业、能力开发事业、雇佣福利事业三项事业。

虽然在第1章中笔者将日本和瑞典的雇佣体制进行了比较，但如以上事实所示，日本积极地制定劳动市场政策。只是积极的劳动市场政策的财政支出规模远低于OECD成员国的平均值。特别是自70年代开始，与转变产业结构相比，通过公共事业在当地创造雇佣机会、抑制劳动力移动的方法浮出了水面。发挥这种功能的就是所谓的"土建国家"的系统，而推动该系统运转的正是田中内阁。

在田中任职期间，地区开发引起人口从地方向三大都市圈大规模地流入，传统的支持基础遭到瓦解，自民党陷入长期低迷。众所周知，早在1963年前劳动大臣石田博英就在论文《保守政党的前景》（《中央公论》1963年1月号）中指出，在不久的将来，以城市选民为基础的社会党有可能夺取政权。对引起公害和学生动乱的生产至上主义的质疑也导致了传统支持层对自民党政治的背离。

关于地区开发，田中动员了下河边淳等年轻官员，在城市政策调查会上总结了自民党的"城市政策大纲"，而且还巧妙地导入了批判增长信仰等体制批判论，并得到了媒体等的积极评价。在这个"城市政策大纲"的基础上，田中本人又于1972年，也就是即将就任首相之前发表了《日本列岛改造论》。田中指出，"是增长还是福利"这种二者选一式的想法是错误的，"福利是不会从天而降的"，从而使经济持续增长正当化。在此基础上田中还提出要"同时解决过密和过疏问题"，也就是说，主张"将工业生产赶出东京、大阪等大城市，从全国的视野出发进行再分配"。比起收入再分配，"工业的再分配"被提上议程（田中，1972：

第 3 章 20 世纪六七十年代的福利政治

63～80）。

在提出《日本列岛改造论》的背后，和"土建国家"一词一样为大家所熟知的还有为了应付 60 年代不断发生的地方的人口流出，通过公共事业提供雇佣机会以留住地方的支持层，以及选举时将地方的建设业作为手段灵活运用的事实。

在这一时期，公共投资以超过 GDP 增长的形式不断增加（见图 1），日本公共事业的规模逐渐超过了一般的（景气循环对应型的）创造雇佣机会的规模。而且，通过公共投资占 GDP 的比例对各个国家公共事业费用进行大致的对比后发现，日本不仅在规模上突出，当其他国家的社会资本配备进入降低了一级、支出处于平稳或减少阶段时，日本的投资费用仍在不断增加（金泽，2002；樋口，2005）。而且仅从支出规模来看，原本应该是雇佣政策的另一支柱的职业培训等积极的劳动市场政策却始终低于 OECD 成员国的平均水平。

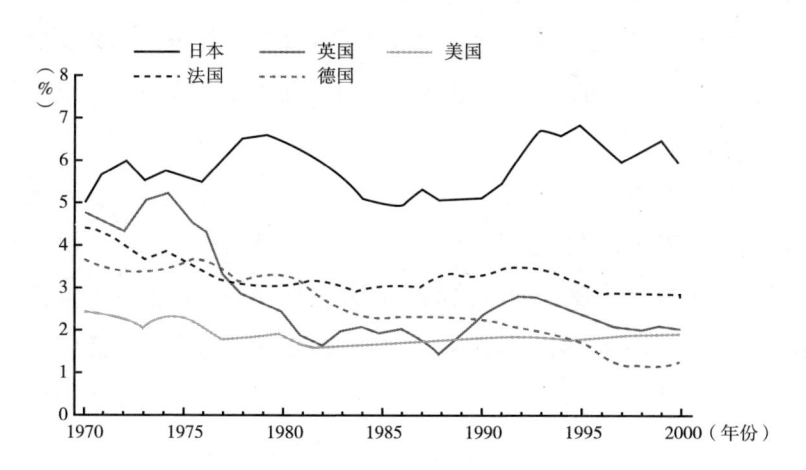

图 1 发达国家的公共投资占 GDP 的比例变化

资料来源：樋口，2005。
日本：《国民经济计算年报》。
其他国家：OECD, National Accounts 2000。

福利政治

零散中小企业的保护制度

20世纪70年代前期公共事业扩大的同时还有流通业、制造业等领域的零散中小企业保护政策的制定。1973年，为了和急速扩张的共产党系的民主商业劳工组织进行对抗，政府导入了改善小企业经营的资金融资制度。这是为了将1949年以提高小企业竞争力为目的而设立的国民金融公库的无保证人融资与改善经营的普及事业结合起来，经营指导者大幅度增加。

制度创建时，自民党压制有意抵制的大藏省，赢得了180亿日元的相关预算增额（空井，1998）。融资规模从1973年的300亿日元一跃达到了1975年的2400亿日元。其他的中小企业金融规模也迅速扩大。原本为了产业近代化和设备增加而设立的商工劳工组织[①]中央公库（设立于1936年）和中小企业金融公库（设立于1953年）的贷款余额在1970年和1975年都分别达到了之前的3倍（Calder, 1988: 319-320）。

1973年9月，对于之前的百货店法，政府提出将限制对象扩大至超市等，同时将许可制改为申报制。而自民党议员强烈反对该提案，最终通过了大规模零售店铺法，申报制也以接近于许可制的形式被运用。制定该法时政府就店铺面积、关门时间、歇业天数等问题听取了通产大臣的意见，同时还保留了行政指导的余地。在1979年的修正法案中，限制对象从1500平方米以上扩大到500平方米以上；在1982

[①] 商工劳工组织，指由中小企业团体组成的组织，目的是认可中小企业为了对抗大型企业而结成的合作关系，同时又防止其之间的过度竞争。——译者注

第3章　20世纪六七十年代的福利政治

年的通产省产业政策局长通告中，进行了申报前的咨询规制强化等（建林，1997）。

在1972～1981年的十年间，大企业的雇员增加了12万人，而除农业以外的中小企业的劳动人口则增加了68万人。肯特·加尔德（Kent E. Calder）列举了这一组数据并指出，中小企业的稳定雇佣对于社会保障也起到了一定作用，如果没有这一稳定的雇佣，这一时期日本的失业率要想停留在3%以下是很困难的（Calder, 1988: 316）。

大企业的雇佣体系

另外，作为雇佣体制的另一个支柱，高生产率部门的大型企业的雇佣体制在这一时期也基本形成。20世纪40年代大型企业的工资系统中以长期雇佣为前提的基本生活工资的比重增加，这是以电产型工资系统的导入为契机的。进入50年代以后，政府开始着手临时工、中途采用人员的长期雇佣，解决劳动力不足的问题也是目的之一。三池煤矿大量指名解雇引发了大争议（1960年），政府吸取了这一教训，并为解决高速增长带来的劳动力不足问题，60年代开始在大型企业中广泛确立长期雇佣惯例。

终身雇佣这一惯例的确立与年功制的再规划并驾齐驱，反而引发了受雇者之间的竞争，调动了人们的劳动积极性。几乎在同一时期，日本经营者团体联盟（日经联[①]）等团体强烈主张重新考虑年功制、能力主义，重新构建"能力工资"和人事惯例。在主要依赖悟性与经验的年代，工龄长

[①] 日本经营者团体联盟，简称日经联，成立于1948年4月。2002年被经济团体联合会（简称经团联）合并，成立了日本经济团体联合会（简称日本经团联）。日本经济团体联合会与日本商工会议所、经济同友会构成了日本三大经济团体。——译者注

短与技术水平相对应，但是60年代的技术革新颠覆了这一惯例。同时为了调动年轻劳动者的积极性，大型企业提高了能力评价的比重。1969年的日经联能力主义研究会的报告《能力主义管理》就对这一情况做了总结，并明确了方向。

该报告高度评价支撑年功制与终身雇佣的日本型集团主义，"只要很好地团结起来，全体员工就能成为一体、追求共同目标。这里能够出现欧美企业无法想象的爆发力，成就企业的大事业"。同时该报告还提到，为了不陷入"串通主义、互相依赖的窘境"，要将年功制、终身雇佣纳入个人能力的评价体系，同时将其系统化（日本经营者团体联盟编，1969：79）。

从60年代中期开始，企业内福利在与福利体制的互动中不断完善。首先，法定福利费用不断增加。自1954年《厚生年金保险法》被修改之后，大型企业开始修改公共年金与企业年金制度。但自1966年起，对于厚生年金的报酬比例部分，政府开始承认企业的代办，在税制上也导入了享受优惠的厚生年金基金制度。下文将要提到的70年代初福利的扩大也增加了企业的法定外福利费用。

另外，从法定外福利费用的明细来看，受皆保险制度的影响，医疗、保险的相关费用比例从1955年的20.1%减少到了1975年的10.8%，取而代之的是有关住房、购房的融资制度等，住房的相关费用比例从39.8%增加到了51.4%。与住房相关的企业在税制上也享受优惠。在日本的社会保障中，很明显公共住房政策一直被控制。以这一情况为前提，针对从业人员的家属，大型企业帮助员工管理从租房到购房这一生活周期，激发了从业人员的劳动欲望，而且政府也支

第3章 20世纪六七十年代的福利政治

持这种企业内福利（金子，1991：138~142）。

1965年由日经联公布的《福利厚生合理化的基本方向》表明了公共福利与企业内福利协作的方向，并指出"如何提出新的理念来代替旧的经营家族主义，形成一种近代化的、从业人员对企业的归属意识，是一个重要的课题"（日本经营者团体联盟编，1965：29）。旧有的日本式经营和"能力主义管理"一样，或许是在无意识中形成的。在有意识地将这种经营方式重编为可持续制度的过程中，大型企业的雇佣体制形成了。

在日本型雇佣惯例得到重新确立时，为了保证核心的大型企业的稳定增长而采取的产业政策和政府介入的方式也不断被调整。50年代后半期，通产省分别为钢铁、合成纤维、石油化学、电气等主要产业制定了《产业培养计划和振兴法》，并加强培养各个领域的人员。进入60年代，随着贸易的自由化，通产省失去了法制性的统制手段。尽管如此，通产省仍然加强了包括不景气卡特尔的形成指导等在内的、非正式的护送船队式的保护（村上，1984）。

雇佣体制内的分裂与协作

日本型雇佣体制的形成如上所述，首先高生产率部门的大型企业于60年代末形成了日本式劳务管理体制。这一体制以长期雇佣惯例为前提，将年功制和能力主义管理结合起来，并联动着企业内的福利待遇。

而且如前面所述，进入70年代，在低生产率部门中，通过公共事业、保护、限制来稳定雇佣的体制也以各种各样的形式被强化，其中也存在执政党为了拉拢传统的支持层的情况。

就这样，日本的雇佣体制被民间大型企业等高生产率部门和零散的流通业、建设业等低生产率部门分割。如第1章所述，在和日本一样强烈干预完全雇佣的瑞典的雇佣体制中，政府通过积极的劳动市场政策将劳动力从低生产率部门送往高生产率部门，将两个部门紧密地结合在一起。而在日本的雇佣体制中这两个部门甚至在各个企业、各个领域都被细分，它们将劳动力围在其中，形成了"分隔型生活保障"体制。

两个部门的生活保障不是简单地被分开，而是被不同的网络支撑着。尖端企业及其雇员依据产业政策在有组织的市场中直接被行政部门支撑着。但是，农业部门、中小企业以及个体经营者则受政党的影响较大（樋渡，1991：233~247）。自民党的作用是在前者的网络中间接地实现体制的稳定，在后者中则更加直接地站在争取预算和利益分配的前沿（Okimoto，1989）。单从这一点来看，两个网络处在潜在的紧张关系之中。

但是，如果单看高速增长期，这一紧张关系并不显著。不仅仅是对低生产率部门，而且对于尖端企业，行政指导等政府干预也促使企业展开竞争。凭借这一点就可以说，民间大型企业的劳资双方没有从正面对雇佣体制的存在方式提出异议。

反而是在日本官公厅劳工组织协议会（官公劳）、中小企业的工会组织中，以"春斗"① 形式提高工资水平的交涉发挥了作用，民间大型企业的提薪影响到低生产率部门的一

---

① 春斗（日语：春闘），是日本工会在每年春季（一般在2月左右）组织的为提高工人工资或缩短劳动时间等一系列要求改善劳动条件的运动，又叫"春季生活斗争""春季劳资交涉"等。——译者注

些领域（中小型制造业或服务业、公共部门）。自 1964 年池田首相和太田薰总评（日本工会总评议会）议长举行高层会谈之后，民间企业的提薪也开始通过人事院反映到公共部门；在"春斗"中，政府制定相关政策以提高中小企业以及无组织劳动者的工资。

但是，在低生产率部门当然还有很多以"春斗"的方式所无法顾及的行业。1964 年，钢铁、电机、造船、汽车、机械等各产业的劳动组织结成了国际金属工人联合会日本协议会（IMF·JC），并逐渐掌握了"春斗"的主导权。然而这一体制逐渐衰退，自 1975 年"春斗"以来，通过劳资协调提薪的自慎路线就是其衰退的象征（新川，2005：173~186）。

随着国际环境和产业结构的变化，大企业的劳资双方提高了面对产业政策时的自立性，而这也使得两个部门之间潜在的紧张关系显著化了。在下一章笔者将论述在这一过程中所产生的政治原动力。

3 福利体制的扩大

为何是老年人问题

岸政权实现全民"皆保险、皆年金"之后，在池田政权的收入倍增计划之下，生活保障的基轴转移到了雇佣体制。1960~1965 年，实际工资增加了 3.8%，1965~1975 年则增加了 8.1%。包括低生产率部门的低收入层的工资的提升在内，人们的收入得到了普遍提高。

从 60 年代的福利体制的动向来看，日本政府接连实施了《精神薄弱者福利法》（1960年）、《老年人福利法》（1963年）和《母子福利法》（1964年），有关福利服务的环境也得到了改善。但是在收入保障上，政府将为企业年金而筹措的资金划入非课税范围的合格年金和前面提到的厚生年金基金（1966年）等，通过制度构建大型企业稳定的劳资关系，除此之外，再没有任何大的转变。

有关福利体制的大转变是被高速增长以及随之而来的社会变化推动的。在上一节我们看到，田中内阁接连提出了保护地方或个体经营者雇佣的机制，这些机制与大型企业雇佣体系的确立相结合，共同形成了日本型雇佣体制。另外我们也可以看出，相比高速增长带来的生活水平的提高，社会保障的水平依旧很低。

尤其是雇佣体制，虽然其与在职时期的生活保障联系在一起，但它并不保障退休之后的生活。经过高速增长，一般家庭的收入急剧上升，而高龄者家庭的收入则只停留在一般家庭的四成左右（地主，1985：306）。

可以说，老年人问题是雇佣体制所主导的生活保障的一个漏洞，从60年代末开始，这一问题迅速引起了人们的关注。几项调查表明，长期卧床不起的老年人的比例是欧洲的几倍，同时还存在高龄者家庭贫困的问题。在舆论调查中，将社会保障视为政治问题的回答也增加了（Campbell，1992）。在这样的背景下，70年代初以年金和高龄者医疗为中心的社会保障支出大幅度增加，日本的社会性支出规模在这一时期也首次接近了发达国家的水平。特别是在1972年12月的总选举中败北的田中内阁于1973年进行了几项根本性的改革，这一年也因此被称为"福利元年"。

第3章　20世纪六七十年代的福利政治

"福利元年"的政治过程

在"福利元年"的 1973 年政府导入了老年人医疗费用支付制度，规定 70 岁以上老年人的医疗费用的三成，原本由自己负担改为由国家和自治体负担，这就是所谓的老年人医疗费用的无偿化。而关于健康保险受保人的家属的医疗费用，保险负担比例从五成提高到了七成。此外，厚生年金的支付额提高了 2.5 倍，对于支付额政府还会结合每年的物价自动进行调整。再回溯到 1972 年，在这一年还导入了儿童补助制度，尽管这一补助是有收入限制的，且只适用于第三胎以后的儿童。但从制度体系上来说，日本的社会保障制度基本形成（横山，1985）。

如图 2 所示，福利元年社会保障支付费用的增长率明显升高。但是，和实现"皆保险、皆年金"的时期相比，这一时期自民党所做出的反应是极其被动的。

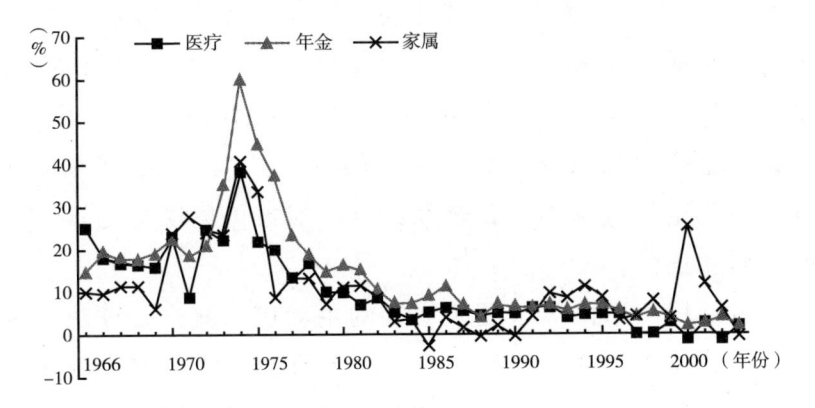

图 2　社会保障支付费用与上一年度的对比

资料来源：国立社会保障、人口问题研究所、社会保障研究资料第一号（http://www.ipss.go.jp/ss-stat/j/sokyul.html）。

福利政治

老年人医疗费用的无偿化是陷入政治危机的自民党政权导入的革新自治体等地方自治政策。早在60年代，岩手县泽内村就以65岁以上高龄者为对象实施了这一政策。1969年秋田县和东京都也实施了该项政策，此后该政策迅速普及各都道府县。

而在厚生省，社会局所关心的问题仍然得不到解决，于是采取了与东京都相似的、用一般财源来支付本人负担部分的方案。自民党早期与主张老年人医疗费用无偿化的园田直等人划清了界限，但由于缺乏大量有关该问题的积极推进论和专业建议，于是在巨大的压力下，于1972年12月向国会提交了法案（Campbell，1992）。

此外，实现5万日元的年金也是田中内阁对劳资双方的一致行动所做出的回应。1972年的总评定期大会决定"通过罢工进行年金斗争"，在次年9月的扩大评议会上又决定要实现最低4万日元的老龄年金。值得关注的是同月日经联也在与总评干部的高级会谈中决定进行"福利共战"，并一致要求争取到最低47000日元的厚生年金（山崎，1975）。退休后的收入保障在雇佣体制的应对范围之外（从经营方来说，企业内福利能够覆盖的范围有限）。在日本型雇佣体制不断稳定的过程中，日经联的这一对策可以说是与这一情况紧密相连的。

就这样田中内阁表明了明确的主动权。就在总评决定要求4万日元年金的第二天，自民党的社会保障调查会就提议导入5万日元的年金和物价调整制度。接受该提议的田中随即将年金改革加入了12月总选举的主要政策承诺中。总选举败北之后，田中在同年的预算编制上力压大藏省的抵抗，指示制定5万日元年金的具体方案，该方案在次年1973年2

第 3 章　20 世纪六七十年代的福利政治

月的内阁会议上通过（山崎，1975）。

经常有人指出"福利元年"凸显了处于劣势的自民党的政策制定过程。作为利益政治的福利政治在一定程度上带有多元化色彩。但也有议论指出，造成政党主导的多元化政治过程的背后是支持自治体革新的市民运动等，这些运动给自民党政权带来威胁。但是综合起来需要强调的是，这一时期雇佣体制的形成在不断推进，"福利元年"的福利体制的扩大受到来自雇佣体制内部的劳资双方的压力，因此在某些方面福利体制是以补充雇佣体制的形式形成的。

"福利元年"之后，社会保障预算在其后的 7 年间都以正增长推移，社会保障支付占国民所得比例于 1976 年突破了 10%（田多，1994）。但是，当规模接近欧美水平的福利国家出现的时候，具有讽刺意味的是其中既没有像岸一样的福利国家主义，也没有像石桥一样的生活主义福利论。这里出现的只是为了延长政权寿命的政治。

福利体制的停滞与"制度转换"

在被称为"福利元年"的 1973 年 10 月，第一次石油危机爆发，世界经济开始了低速增长。1973 年的预算虽然被充裕的税收支撑着（税收比上年度增加 37.4%），但 1974 年的税收增长率一下子就降到了 12.6%，1975 年则跌到了 -9.1%。另外，社会保障支出的增长率则呈现高增长态势，1974 年度、1975 年度与上一年度相比都超过了 35%，直到 1979 年，社会保障支出都没有出现明显的减少（横山，1988：42~60）。

但是由于在 1975 年度的预算编制中，公债以及借款的比率从上一年度的 10.6% 骤增至 24.6%，大藏省表明了紧缩财政的强硬态度。与之相呼应，财政制度审议会关于1976年的年度预算提出要求，"从社会保障制度整体的整合性或国家、地方团体分工的角度重新审视各项制度，努力用更加公正的费用确保社会保险费以及受益者担负的合理化"。

而关于公共事业费用，财政制度审议会认为"这两年，对于一直被抑制增加的公共事业等的投资性费用，争取预算的重点分配是合理的"（财政调查会编，1976：39~40）。从此之后，公共事业费用与1976年以后不断减少的社会保障支出形成了反比，到1979年增加率达到了20%以上（新川，2005：124~127）。

福利体制的扩大受到抑制，公共事业却持续扩大，而且其大部分都转到雇佣上了。但说到底这些都是作为"投资性经费"被正当化的。按照上一章整理的制度转变的类型来分，可以说这里进行的是西伦提出的"制度转换"。

形成日本型雇佣体制的许多制度并不是作为雇佣政策的制度新导入的。正当自民党政权陷入政治危机时，一直以来以地区开发和产业近代化为目标的开发主义的国家政策，即公共事业、中小企业金融、经济制度，具有了雇佣的创造与维持以及政治支持等新的功能。而不同于开发主义的是，比起维持对外的竞争，政府优先通过创造雇佣机会来实现政治的稳定（Aoki，2001）。

从开发或产业近代化的制度到雇佣装置的第一次"制度转换"，随着福利规模的缩小，实质上其一部分机能也被雇佣体制吸收了，这样就成了第二次"制度转换"。虽然这一趋势在80年代以后更加清晰地表现出来，但其实早在70年代中期就已经初露端倪。

第 3 章　20 世纪六七十年代的福利政治

4　福利体制、雇佣体制与政治的对立轴

为什么福利国家没能成为对立轴

在日本，除了"皆保险、皆年金"体制成立时期，福利和社会保障从来没有成为政治争论的中心。至少没有出现过这样的构图：执政党和在野党在支出规模或基本理念上不同，但仍共同提出现实性的社会保障政策，争夺政权。在这一点上，日本和英美或北欧国家大不相同。取而代之，执政党和在野党的政治对抗的基轴是和平问题或宪法问题等。即使是有关安保问题等的意识形态对立被平定的 1955 年之后，这一点也基本没有变化（大岳，1999）。

这样的政党政治的背景之一是作为日本在野党重要势力的日本社会党在意识形态上的激进性。社会党是"超出社会民主主义框架的社会民主主义"政党（清水，1961），特别是片山哲内阁、芦田均内阁瓦解后的第四届党大会之后，社会主义政党的色彩变得日益鲜明。日本的政治对抗强调的不是关于福利国家的存在形式而是体制选择与和平问题（当时社会主义国家被看作"和平势力"，这也是一个原因），从某种意义上来说，这也成为体制选择的象征。

但是，包括更加接近西欧社会民主主义立场的民社党并没有取得太大的发展，仅凭这一点就无法完全解释日本的政治对立轴的"特殊性"（渡边，1992）。有人指出日本式的劳资关系、中小企业和个体经营、农业的保护机制抑制了本应由社会民主主义政党代表的社会基础的发展，正是这一背景将社会党撑到了"左"的位置，造成了战后日本的政治

对立。也有人认为，在由产业政策主导的市场中，尖端企业劳动者的雇佣和收入受到保护，中小企业和个体经营者、农民等的利益则由保守政党来大范围保护，这种形式从道奇路线开始，早在50年代就已经形成了（樋渡，1991）。

无论是何种情况，在本书总结的日本型雇佣体制的基础上，加上自民党这种包含广泛利益的全方位政党的出现，以及日本在野党势力的激进性，福利国家至少在宏观的政治经济模型中偏离了政治论争的中心。其结果使和平问题等"文化政治"成为正面舞台上政治对抗的焦点，构成了日本政治对抗的基础。

日本型"社会民主主义"

受这些原因的影响，日本的政治体制、经济体制或以其为依靠的自民党经常被认为带有社会民主主义的特性。"日本型社会民主主义"这一称呼也被用来指代新自由主义言论抬头前的自民党的政治状态。但是，在政治对抗中受到侵蚀的社会民主主义和社会民主主义本身有很大的不同。日本的福利体制、雇佣体制至少和现在的比较福利国家研究中所设想的社会民主主义体制是有很大差别的。

确实直至80年代，日本的失业率均与社会民主主义体制的瑞典保持了同样低的水平。但是，与瑞典不同，较低的失业率并不是通过积极的劳动市场政策和公共服务实现的，而是靠雇佣体制中的护送船队式的行政指导以及公共事业、规章制度，形成了一个"公司不容易倒闭的机制"。

在这一机制下，大小公司及业界通过长期雇用劳动者而抑制了失业率。雇佣保障的对象仅限于男性劳动者这一点也是与社会民主主义体制大不相同的地方。零售业、中小企业

第3章 20世纪六七十年代的福利政治

的雇佣也有着许多不稳定的因素。这种雇佣体制也反映在了福利体制中。福利体制与社会民主主义体制的普遍主义社会保障制度不同，维持的是根据不同的领域而分立的社会保障制度格局。

说起来这种福利体制的特性更接近于德国或法国等国家的保守主义体制。同时在政党配置的构图上，日本的情况也与20世纪60年代以及70年代的法国、意大利有着相似的一面，即以保守主义为基础的全方位政党（catch-all party）不仅仅保护尖端企业，还保护农业、零售业和中小企业等的利益；而激进的社会党、共产党则在意识形态上与其对立。这一时期的法国和意大利也采取了相关措施保护处于过度竞争中的地方零售业和中小企业。特别是在意大利，重视利益诱导的政治性庇护主义（clientelism）得到了发展（Tarrow，1977：173－202）。

但是，欧洲大陆的保守主义体制在雇佣方面并没有取得像日本雇佣体制那样的良好成绩。失业者收入保障和早期退休的高龄者收入保障等引起了福利体制的膨胀，而且这一膨胀使财政处于紧张状态。与之相对，日本的雇佣体制至少在机能上和福利体制实现了良好的互动与协作。

第 4 章　20 世纪 80 年代的福利政治
——福利体制的削弱与雇佣体制的拥护

　　进入 20 世纪 80 年代以后，欧美盛行以美国里根政权和英国撒切尔政权为代表的新自由主义。日本则因为 70 年代后半期财政方面对公债的依存度加大，在中曾根康弘政权的领导下，进入 80 年代后也进行了行政改革。社会学家常常认为 80 年代以后的日本政治与英美的新自由主义相似，但是实际上在具体的政策方面是不同的。

　　进入 80 年代后，日本通过行政改革削减了福利支出，通过税务制度改革弱化了税收的再分配功能，但雇佣体制形成的"分隔型保障"却被保存了下来。日本的经营模式作为跨越低增长转换期的典范，受到了好评，地方上对于公共设施的建设力度也不断加大。因此，垂直方向的个人收入差距并不是很大。

　　但是，随着国际经济环境的变化，雇佣体制内部高生产率部门与低生产率部门之间的关系日趋紧张。受政府的产业政策影响而立志于自立的大企业劳工组织，与受政府政策与利益诱导影响而不得不谋求保护的农业、建筑业等这些地方上的行业之间的利益对立逐渐尖锐起来。

　　像之后的结构改革一样，对于 20 世纪 80 年代的自民党来说，放弃针对地方上传统支持层的利益诱导是很困难的。所以，这个时期制定的政策如下：一方面通过行政改革与税制改革引导新都市中产阶级的利益意识；另一方面，继续推行针对地方的利益诱导，对于个体经营者在税收方面实行优惠政策。当时推行的就是这种相互矛盾的政策。

这样两极化的政治导致的结果就是，加大了雇佣体制内水平方向的分歧。虽然控制了垂直方向的社会阶层的分化，但是因为这种制度并非在取得广泛同意的基础上根据再分配原理形成的，因此进入20世纪90年代以后，这种控制的反弹通过各种形式表现出来。

1 "日本型福利社会"论与《前川报告》

"日本型福利社会"论

确立日本福利政策方向的"日本型福利社会"论出现于20世纪70年代后半期。普通意义上的"日本型福利社会"论通常被定义为，重新审视日本社会的相互扶助功能与成为福利社会的方法，促进政府向小型政府转型，但是这并不意味着与英美出现的新自由主义市场原理相一致。围绕"日本型福利社会"论的种种言论，实际上包含着使日本式雇佣体制与福利体制行为正当化的意味。

"日本型福利社会"论这个词首次出现在1959年出版的、由村上泰亮与蜡山昌一合著的《生涯设计计划——日本型福利社会的前景》一书中。在这本书中，作者针对日本能否走向北欧型福利社会提出了疑问，重新审视了企业与地方社会互帮互助的日本型社会体系（村上、蜡山：1975）。同年三木武夫内阁的自民党政务调查会制订的"生涯福利计划"基本上照搬了这本书的内容。

村上等描绘的前景一方面承认北欧福利社会的意义，另

福利政治

一方面针对日本型社会体系强调需要建立不带有任何思想色彩的、更加开阔的福利体制等，但是，这之后的"日本型福利社会"论却渐渐地与更加直白的针对福利社会的思想批评混为一谈。这个时期出现的针对福利社会的思想批评以刊登在1959年2月《文艺春秋》上，以团队1984为名的集体作者撰写的《日本的自杀》为代表。

香山健一等人撰写的这篇论文主张，提供给人们"面包与马戏"，即最低收入与娱乐的福利社会，将会削弱日本，使日本陷入"自私与两极分化"的泥沼之中。另外，他们还感叹"现在有许多主妇忘记了全心全意为家人制作佳肴与编织毛衣的喜悦"，批判消费社会引起的传统文化的解体与"母性丧失"（团队1984，1975）。据说此后担任第二临调会长的土光敏夫曾对这篇论文大为赞赏，还给大家复印了这篇论文。针对精神主义福利社会的批判就是这样进入"日本型福利社会"论范围的。

根据施密特的说法，"日本型福利社会"论与其说已经进入人们日常生活中的交流话语，不如说成为政策实施过程中具有影响力的公共话语。虽然很难说它已经通过媒体直接影响了大范围的选民，但是却对政府和第二临调产生了很大的影响，推动日本走向福利削减的道路。

此后，包括村上、香山等人在内的大平正芳首相的智囊团成立了"政权构想论坛"，"日本型福利社会"论则成为这个论坛讨论的主旨。大平正芳在1979年的施政方针演说中提到"在维持日本人的自主自助精神、相互体贴的人际关系、相互扶助的社会构成的同时，努力建立与之相符的公共福利，建立公正并有活力的日本型福利社会"。

第4章 20世纪80年代的福利政治

同年公布的"新经济社会7年计划"则提出"实现以'个人努力与家庭、近邻、社区的联合'为基础的'日本型新式福利社会'",政府的政策理念中正式出现了"日本型福利社会"论。虽然从定语中去除了"日本型",但在1981年临调第一次报告中则出现了"有活力的福利社会"这样的词语。这次报告还指出"强调自治自助精神的家庭、近邻、职场、社区联合的同时,效率较高的政府也应该在力所能及的范围内提供充足的福利"(临时行政调查会,1981:12)。

这个言论强调了"日本型",强调家庭与社区相互辅助的福利削减的正当性,可以看作对欧美型福利国家的批判。英国的新自由主义的代名词——撒切尔夫人——一边称颂着"维多利亚的美德"一边推进市场主义改革。也有学者认为,在这一点上"日本型福利社会"论与英美的新自由主义差异不大(堀,1981;早川,1991)。

在一系列"日本型福利社会"论中,村上等人的理论是最具有操作性的理论。但是从他们的理论来看,被设想为福利削减接盘的只不过是日本型的"调整性市场经济",而它与现今的生产体制论所指的"自由主义市场经济"是不同的(Hall and Soskice,2001)。

村上认为,"政府与企业等近代组织实际上相当于新型的虚拟家族与虚拟村落,对不具有完整的欧美型个人意识的日本人来说,其发挥了使心理安定的功效",日本巧妙地在欧美型的近代化中融入了集体主义。他试图客观地评价作为虚拟家族的政府与企业的作用(村上、蜡山等,1975:79~95)。由于日本的市场经济起步晚,与集团主义融合后完成了自我发展。村上强调这一现象的意义,并将此作为日本型福利的基础提了出来。

虽然"日本型福利社会"论在福利国家批判这一点上，与新自由主义有共通的地方。但与其说"日本型福利社会"论将重点放在市场主义改革上，不如说是将重点放在包含雇员家庭在内的日本式雇佣体制的转换上。这一点与英美的新自由主义不同。20世纪80年代在推动福利社会实现的过程中，虽然福利体制被削弱，但日本式的持续雇佣体制并没有被市场原理取代，而是基本保留了下来。

国际协调论与体制批判

代替福利体制使包括雇员家庭在内的雇佣体制也在不断地变化。从20世纪80年代初期开始，针对地方上的持续雇佣体制的批判与纠纷越来越多。以贸易摩擦为契机，首先从外部开始出现了批判体制。

欧美国家对于顺利度过石油危机的日本型体系，一度也出现过积极的评论。哈佛大学的埃兹拉·沃格尔（中文名傅高义）（Ezra F. Vogel）写的《日本名列第一：对美国的教训》（1975）一书就是具有代表性的例子。在"日本型福利社会"论中，也有与欧美的理论相互呼应的部分。

但是，随着日本日常收支出现盈余，人们发现正是日本型体系内部的壁垒才导致了贸易不均衡，于是越来越多的人呼吁纠正这一问题。1985年在中曾根与里根的会谈中，双方达成共识并签署了日美MOSS协议（市场导向型个别领域谈判），欧洲共同体（EC）也开始频繁提及"日本问题"。虽然矛头指向了鼓吹进一步提高高端产业竞争力的行政指导，但焦点仍然集中在保护竞争力较弱的中小型制造业、农业、国内建筑业的政策上。这样的批判最终在20世纪80年

第4章　20世纪80年代的福利政治

代末，形成了一系列体系性的言论。卡瑞尔·范·沃佛仁（Karel van Wolferen）等人称其为"日本异质论"（Wolferen，1989）。

针对这些问题，中曾根作为私人咨询机构设立了以前日本银行总裁前川春雄为首的强调国际协作的经济构造调整研究会。1986年，该机构发表的《前川报告》认为贸易不均衡加剧的原因其实在于日本的经济结构本身，并提出了"我国的社会经济结构应该向着与国际社会接轨的方向转型"。但在这里笔者强调一点，政府的智库提出的"国际协调论"其实并不像小泉结构改革那样是针对雇佣体制进行的改革。

《前川报告》提出的体系改革其实只是针对国外的批判而提出的。就具体内容来说，焦点主要集中在针对妨碍内需扩大的流通体系的改革上。支持地方雇佣的公共事业则高举扩大内需的旗帜，以"完善地方资本"的名义积极扩大内需。

就这一点值得关注的是，针对补助金政策的批判增多。在赞扬第二临调削减年度支出的一片欢呼声中，对于公共事业，《前川报告》则主张"通过灵活地运用地方国债等手段，扩大地方独立事业规模，增加社会资本的配备"。这种扩大地方单一建设的战略使都市新中产阶级在雇佣体制中模糊化，再次回到雇佣体制的重组上。

贸易摩擦引起了对日本体系的批判，同时自民党对地方传统支持阶层的经营与雇佣的保护机制亦通过国内论坛与新闻变得广为人知。这一事实引起了社会的广泛批评。

例如广濑道贞就阐明了中央的补助金制度是如何扩大利益诱导，从而导致地方分权空洞化的。石川真澄则指出，执政党通过公共事业为地方提供就业，地方成为执政党固定的支持阶层，他将这一机制取名为"土建国家"（石川，1985：66；广濑，1981）。虽然学者通过"日本型福利社会"论对福利国家进行了批判，但是并不否认由雇佣体制带来的生活保障。不过，在这个时期，由于经济摩擦与国内外的批判，雇佣体制内部存在的构造问题渐渐浮出水面。

也就是说，福利政治的言论一边像"日本型福利社会"论那样，将雇佣体制与家庭替代福利体制的行为合理化；而另一边又像《前川报告》那样，追求新环境下的雇佣体制的改革。这样的言论基本上只是审议会等内部的"调整性言论"。通过中曾根内阁的政治手腕，这些言论成为直接与选民进行"交流的言论"。也就是说，中曾根将政治上重要的争论点交给审议会、私人咨询机构等，然后再将其得出的结论暴露给媒体，根据媒体的反应来制定政策，并向都市中产阶级表明自己这样制定政策的稳当性，这是中曾根很擅长的手法（上西，1985）。

随着这样的言论通过各种媒介传播，在都市新兴中产阶级与民间大企业工薪阶层中，有更多的人从批判的视点来看雇佣体制中的权力构造问题。

2　福利体制的削弱

不增税的财政重建

对于田中内阁时期的财政路线，大藏省从平衡国际收入盈余、避免日元升值的角度出发，一度显示了合作的态度。但是之后的三木内阁也好，福田赳夫内阁也好，对财政公债

第 4 章　20 世纪 80 年代的福利政治

的依赖度不断加深。特别是进入 1977 年春季以后，随着日元升值，国内经济发展停滞，政府受到了财界等方面的巨大压力。在 1978 年的波恩峰会上，日本作为带动处于萧条期的世界经济的牵引车，被其他各国要求扩大内需；政府将本来是 1979 年的预计年收入的法人税的一部分也提前包含在 1978 年度制定的预算中，结果导致 1979 年的初步预算对公债的依赖度达到了 39.6%（财务省主页《普通会计公债发行额度的推移》）。

作为确保财政来源的手段之一，早在 20 世纪 70 年代后半期大藏省内部就有了导入一般消费税的计划，并在 1977 年 10 月的政府税务制度调查会的中期报告中谈到，以导入一般消费税为中心的增税是很有必要的。大平正芳作为自民党秘书长对此表示支持。

大平直到 1978 年担任首相后还是一如既往地支持这一计划，在 1979 年的内阁会议上通过了导入新税的决议，并于同年 10 月参加了总选举。对于寻找可以代替法人税、所得税等直接税的财政收入来源，财界也表现出了积极的态度。经团联认为可以进行关于"普通国民承担"一般消费税的讨论，经济同友会则称"有必要在一定时期内导入一般消费税"（新藤，1984：184）。但是随着这次选举中自民党的败北，派阀抗争爆发（四十日抗争）。翌年抗争再次爆发，在国会解散与再次总选举期间，大平首相去世。

1979 年总选举中自民党的败北，很明显是选民对导入一般消费税进行抵制所导致的。1980 年 7 月组建的铃木善幸内阁只好吞下财政运营困难的苦果。导入间接税十分困难，与此同时财政赤字不断增加，为了减少财政赤字，铃木首相在施政演说中提出改革公共部门。

在铃木内阁中处在边缘位置——行政管理厅长官的中曾根康弘，试图进行财政重建以使经济起死回生。1981年3月作为行政改革的中心，成立了第二临调，第二临调逐渐成为削减日本福利的主要舞台。财界则以同年取消法人税为契机，对增税表示强烈反对。其结果是，行政改革以削减支出、无增税的财政重建为主。

第二临调报告

1981年7月第二临调发布了第一次报告（紧急提议）。在"行政改革的理念与课题"一章中提出了"实现有活力的福利社会"与"加大对国际社会的贡献"这两个基本概念。报告指出，"家庭、地域、企业等发挥了巨大作用，这是我们这个社会的特性，希望今后这一优点也能继续保持下去"，实现以"个人努力为基础，家庭、近邻、职场、社区联合"为目标的福利社会（临时行政调查会，1981：11～12）。

在这一基础上，"应紧急采取的改革方案"中提出了福利削减这一课题。在医疗费用方面，首先提倡抑制医疗费用与减少国库的负担部分，特别是在老年人的保健医疗上。政府一边根据提早通过的同年3月厚生省制定的《老年人保健法案纲要》，要求导入患者也负担一部分医疗费的制度；一边要求地方公共团体停止免费的老年人医疗政策。同时在年金制度方面，对于各个年金制度，政府减少了国库负担的部分，并对推迟开始支付年金的年龄、支付的水准、取消保险等方面进行了讨论。在儿童补助方面，也进行了支付对象仅限于低收入家庭的根本性改革（临时行政调查会，1981：19～20）。

第4章　20世纪80年代的福利政治

紧接着专门针对资格证的1982年2月的第二次报告，同年7月公布了第三次报告（基本报告），该报告明确了新的国民负担率方面的政策方针。国民负担率是租税负担和社会保障负担与国民收入之比。报告提出，负担率必须比现在的35%更高，但是应该比欧美各国的50%的水平"要低得多"（临时行政调查会，1982：23）。

日本政府认为，与西欧相比，日本的社会保障"处于毫不逊色的水准"，因此提出上述观点。随着老龄化以及制度的成熟，在年金制度方面，报告亦敲响了警钟；提出了需要将分离的制度一元化的观点。因此，一方面通过导入基础年金，消除各个制度间的不平衡，另一方面在展望将来一元化的同时，推迟开始支付年金的年龄并重新审视保险金。在医疗费用方面，报告提出应当重新审视医疗费用支付方式以及与本人、家庭支付率的差距（临时行政调查会，1981）。

这些关于福利削减的报告，如下所示开始进入实施阶段。

福利削减的内容

1982年设立了70岁以上的老年人自己负担一部分医疗费的《老年人保险法》，并采取了平均负担的财政调整措施，即在自己和公费负担的范围之外，无论老年人加入各个保险的比例如何，各个保险业者均应对保险负担的部分平均负担。为了使针对老年人的各种保健服务增加，该法律被命名为保健法。

《老年人保险法》因为含有对造成医疗费用高涨的计件工资制度重新审视的意味，在早期遭到了日本医师协会的强烈抵制。虽然最终导入了限定老年人医院的定额方式，但计件工资制度还是被保存了下来，法案在国会得以通过（佐口，1985；新川，2005）。

在继续进行医疗保险改革的过程中，日本政府于1984年对《健康保险法》进行修订。该法律规定，在就诊时，被保险者本人也必须负担一成的医疗费用。同年还推出了退休人员医疗制度。退出员工保险，未满70岁无法加入老年人《健康保险法》的退休人员加入了国民保险，但这样就增加了国民保险的财政负担。退休人员医疗制度就是为年满60岁但不足70岁的退休人员单独设立的制度。根据这个制度，就诊时的支付率从七成提高到了八成，费用不再由国库负担，而是由退休人员与员工保险共同承担（横山、田多，1991；早川，1991）。

1985年，政府实现了年金制度的修改与基本年金的导入，通过调整年龄与降低减支付水准来应对由就业构造的变化与老龄化造成的国民年金制度的危机。

临调第三次报告主要以分离的年金制度为中心进行了论述。社会保险审议会厚生年金保险分会根据这个报告于1983年7月编写了《关于厚生年金保险制度的意见》，提出"创立与各个制度共通的制度"。1983年，合并国家公务员共济会和各个公社的共济会，并统一了各个地方公务员共济会的财政单位。

1985年4月进一步推行了基础年金制度改革。在每月5万日元、连续缴纳50年的前提下，政府设立了厚生年金、船员保险、各个共济会共通的基础年金。国库对这个基础年金中与其他制度共通的"一阶部分"进行1/3的补助。而所得比例的"二阶部分"则由雇主和员工支付，国库不负担。该制度还对员工的妻子提供保障。相对于每月76875日

第 4 章　20 世纪 80 年代的福利政治

元、连续支付 40 年的旧制度来说，支付的额度明显下降了（田多，1994：112～118；横山、田多，1991：319）。

同样，1985 年政府也降低了补助金的补助率。对于生活保障补助金、残疾人保护费补助金、母子保健卫生费补助金等 41 种补助，过去国家补助一半，现在削减了一成，而同时则相应地增加了都道府县的负担。

在减少支付数额与国库负担部分的同时，随着"日本型福利社会"论的提出，政府在该时期还推行了与家庭观念有关的改革。1979 年在实行老年人赡养费制度之后，政府又推行了从个人所得税中特别扣除 5 万日元的政策。老年人赡养费制度本来只是和赡养有关的扣税制度。与旧制度不同，新制度乃是对在自家赡养年迈父母行为的奖励。从 1980 年开始，也开始出现 3 万日元的地方税特别扣除额度。

进入 1987 年之后，在以前的配偶生活补助费的基础之上，政府又导入了从所得税与个人居民税中扣除配偶补助费的制度。另外，有一些观点认为，与其说该制度是专门将家庭主妇也考虑在内的制度，不如说是为了消解都市工薪阶层感觉到的纳税压力而设立的制度（堀江，2005：350）。相对于该时期个体经营者的蓝色申报制度等来说，工薪阶层所得税的纳税缺点逐渐凸显出来。

在这个意义上，配偶特别扣税制即是对"日本型福利社会"前景中主妇们的"贤内助之功"的褒扬，也是对都市工薪阶层赡养家庭的动员。基础年金中导入妻子的年金所有权也是其表现之一。在"日本型福利社会"论的背景之下，这种主妇优待政策是为了复原传统的家庭形象，同时还带有安抚"典型的"都市工薪阶层家庭常有的不满和不公平感的意义。

随着社会开始强调家庭对儿童的养育责任，有人提出儿童补助无用论。临调第一次报告中就提出了"公费只应当供应给低收入家庭，我们要重新审视儿童补助制度"的建议（临时行政调查会，1981：20）。讨论的结果是，从1985年开始，虽然儿童补助从第三个孩子扩大到了第二个孩子，但是补助期间则从中学毕业缩短到小学入学。对于保育院，临调第一次报告也提出"应当根据地区实际情况进行设立，但总体上还是应该进行控制"（临时行政调查会，1981：21）。

福利削减为什么可行

那么，为什么20世纪80年代的福利削减能够得以实现呢？

第一，从政治利益应有的方式这一角度来说，截至20世纪70年代初，就像皮尔逊说的那样，相对于欧美各国，抑制福利体制扩张的日本在收益阶层的形成、组织化等方面，制度黏性很弱（参照第2章第5节）。日本与美国和欧洲各国不同，年金获得团体并没有在政治上实现组织化。所以在老年人医疗有偿化的《老年人保险法》的立法过程中，除了抵制重新审视计件工资制度的日本医师协会外，完全没有出现有力的抵抗团体。

而且，20世纪70年代初期福利体制是在强权的田中内阁执政时期得以巩固的，是政治主导的过程。厚生省也不认为就这样维持制度对自己有利。考虑制度维持的可能性以及负担和支付的平衡，推进改革的主要势力反而是官僚，例如推行《健康保险法》修订的吉村仁保险局长和导入基础年金制度的山口新一郎年金局长（Campbell，1992；中野，

第4章　20世纪80年代的福利政治

1992）。

第二，从话语政治这个角度来看，财政重建——至少在表面上——是政府应当遵从的政策规范，这一口号已广泛渗透到了各个方面。伴随着都市化与随之而来的自民党的长期低迷，中曾根有意识地展开了针对都市新兴中产阶级的话语政治。

不仅在财政重建的规范化、正当化方面，而且在福利削减的影响和负担程度的说明方面，政府也采取了暧昧与"逃避责备"的态度。

由于受益者团体的组织化程度相当弱，"不增税的财政重建"在一定程度上成功了，但也伴随着抵抗。为了回避这样的抵抗与责难，新川敏光采用了一些政治手法，比如将行政改革变成财政削减，使这一"争论定型化"；因为推迟了削减支出的时期与增加保险金，使"政策效果的可视度降低"（新川，2005：311~312）。甚至可以说在年金改革与医疗制度改革中，政府将保险者之间的财政调整作为主要手段，减少国库负担，减少国民年金、国保接受者的负担。可以说，这些分散抵制的行为也起到了"逃避责备"的作用（早川，1991）。

这种"逃避责备"的政治手法中，还有将对日本型体系的批判反过来使用的手法。据新藤宗幸分析，广濑道贞等人的辅助金批判具有一定程度的影响，通过辅助金进行政治上的利益诱导受到过批评，在这一背景下，政府将实际上应该称作国库负担金的生活补助也统一称作了补助金。这就故意将对福利领域的高利率补助金的统一削减作为修正制度不完善的手段（新藤，1986）。

第三，福利体制虽然被削弱了，但是通过雇佣体制生活保障得以维持。本来在"福利元年"福利的增长就是以雇佣体制不能照顾到的"老年人问题"为中心而开展的。进入20世纪70年代后半期,在抑制福利支出增长的情况下,地方的公共事业建设等仍在进行。只要地方和都市的雇佣率稳定,雇佣体制继续,福利削减的影响就会降低。换言之,这个时期的福利削减并没有达到影响生活保障的程度。

在这一点上我们可以这样认为,虽然政府在不断推行福利削减,但这个时期的基尼系数变化并不大。例如,根据国民生活基础调查,家庭之间年度收入的基尼系数在1975～1987年,只从0.353略微增长到了0.359(1987年上升了0.16个点)(吉田,1993)。依据OECD数据,从日本社会保障支出的增长率降低的1975年开始,即中曾根政权时期开始到之后的十年之间,日本的基尼系数减少了0.14个点,家庭间的差距反而缩小了。而同时期,经过了里根改革的美国是0.27,经过了撒切尔改革的英国是0.38,基尼系数都有所上升(Forster and Pearson,2002)。

3 税制改革

以税制改革为中心的中曾根战略

这个时期的福利政治,是通过对其后的日本福利体制和雇佣体制都产生巨大影响的税制改革表现出来的。因为大平内阁导入的一般消费税政策受到了包括支持自民党在内各个阶层的强烈抵触,最后以失败告终;所以之后推行了"不增税的财政重建"方针。正是该方针导致政府削减福利。但是,在这之后政府依赖公债的情况却并没有得到改进,大

第 4 章　20 世纪 80 年代的福利政治

藏省再次开始导入间接消费税。

1984 年 10 月，因再次担任自民党总裁而信心十足的中曾根康弘首相提出了税制改革。自 1980 年度开始的预算编制零概算要求基准引起了广泛不满，金丸信干事长公开宣称"不增税的财政重建"是不可能的，并提倡为了公共建设应当增税（金指，1986：14~16）。虽然中曾根没有从根本上否定"不增税的财政重建"，但是 1986 年 6 月，继第二临调成立的行政改革推进审议会（行革审）在最终报告中提到，不提高租税负担率的税制改革和"不增税的财政重建"是完全矛盾的。

但是，中曾根并不受制于大藏省和公共事业组织。中曾根将税制改革定义为继行政改革之后的争取工薪阶层等都市新兴中产阶级支持基础的又一手段。相较于工商业者、农民等，都市新兴中产阶级在税收上的收入补充率要高，这引发了他们的强烈不满。据称，工薪阶层、自营业者、农民的收入补充率分别是九成、六成、四成，被媒体称为"KU-RO-YON"①。

本来免除、减少对特定集团的征税等税收措施，就与公共事业、补助金等年度支出方面的利益诱导一样，带有年度支出方面的利益诱导色彩（新藤，1989：208~213）。可以说这些税收的特殊措施是构成日本"分隔型生活保障"制度的一部分。例如，政府 1973 年导入了"视同法人制度"。这一制度将自营业者看作"视同法人"，政府在计算所得税时从收入中减去其"视同法人"的支付部分。

---

① "KU-RO-YON"，来自日语数字 9 (ku)、6 (ro ku)、4 (yon) 的罗马音拼写。——译者注

在年度支出方面，政府曾将都市新兴中产阶级的不信任感作为杠杆推行行政改革。这次对此感到棘手的中曾根首相则在年度支出方面，以对税制不信任感作为杠杆推行税制改革，并以此来争取都市新兴中产阶级的支持。前面也曾提到，中曾根首相将逐渐"消解工薪阶层的纳税压力"作为税制改革的主旨，并提出"现今的形势也要求我们从根本上重新审视纳税人的税制"（堀江，2005：349~350）。

间接税则是由两个原本站在对立立场的双方——追求财政重建的大藏省和要求减少法人税、所得税负担的财界——出于对共同利益的追求而导入的。无论是对声称法人税相对于外国来说较高的财界，还是对纳税感到压力太大的工薪阶层，他们都持反对态度。但是大藏省从导入一般消费税失败的经验出发，为了打好引入间接税的基础，逐渐开始接受财界的主张，利用工薪阶层的纳税压力而实施新的战略（加藤，1997：167~168）。这进一步助长了国民对纳税不公平的不满情绪。

据政府于1986年2月进行的《关于纳税的舆论调查》显示，83.9%的人都觉得纳税制度不公平，相比5年前的调查更是提高了10%以上。特别是工薪阶层，88.5%的人觉得不公平。51.3%的人表示知道"KU-RO-YON"这一词（《朝日新闻》1986年7月28日晨报）。

从营业税的失败到消费税的导入

中曾根一方面强调所得税、法人税的减税和间接税的增税会相互抵销，另一方面在党税调研会议上推行减税并准备导入间接税。但是消除不公平与支持导入间接税完全是两回事。《朝日新闻》的调查（1986年5月31日晨报）显示，

第4章　20世纪80年代的福利政治

虽然对导入间接税的支持率达到25%，有上升的趋势，但这依然是少数。中曾根本人也在1986年众参同日选举之前推脱道："不会搞大规模的间接税。"

选举后，虽然中曾根曾倾向于把纳税内容固定在制造业的营业税上，但是这遭到了经团联与追求稳定税收的大藏省的反对，营业税由此被否定。中曾根政权对1986年年末引入的、与法人税等进行同等额度减税的营业税进行了总结，并在1987年2月的国会上提出导入营业税，但是该法案遭到流通业等行业的强烈反对，于同年3月被废除。

继中曾根政权后的竹下登政权时期，自民党再次试图导入间接税。大藏省这次则利用国民对纳税的不满，与利益集团一同积极地探索中庸之道，这一点受到执政党的欢迎。税制调整的舞台也从政府税制调查会转移到了自民党税制调查会，政府也召开了一系列相关团体代表的听证会。1988年7月的国会会议上提出了六项税制改革，尝试从最大程度上消除零售业界的不满。

新税属于附加价值税，被称作消费税，税率为3%。对于征收方式政府并没有采用发票方式——零售业界曾担心此种方式会影响其收入，而是采用了根据账簿进行进项税抵扣的方式。免税点设定为3000万日元以下，大多数农民阶层都属于免税范围。对于营业额在5亿日元以下的企业可以采用简易课税制度。另外，还实施了所得税与法人税的减税政策，政府的"税制改革纲要"（1988年6月）显示，仅所得税减税一项就达到了22550亿日元，加上法人税减税15210亿日元，远远超过消费税的增加（加藤，1997：214～222；新藤，1989：217～220）。

1988年12月税制改革法案在国会通过。虽然政府采取了减税先行的形式，但一系列的妥协措施却成为媒体集中炮轰的焦点，舆论对此表示很失望。对于一向强调"个人意愿"的选民来说，相较于税制总体的高透明度和平衡度，他们首先关注的是目前的负担加重了（小林，1991：100）。在利库路特事件暴露的背景下，消费税的引入成为次年自民党参议院选举大败的主要原因。在这一点上，与行政改革一样，税制改革并没有像中曾根预想的那样获得都市新兴中产阶级的支持。

但是由于税制改革导致赋税能力降低，日本税收的再分配功能也随之减弱。

4　雇佣体制裂痕的扩大

大型企业劳资双方开始联合

随着福利的削减，代替福利体制确保生活保障机能的雇佣体制又出现了怎样的变化呢？作为雇佣体制的顶梁柱大型企业采用的日本式经营在20世纪60年代后逐渐体系化。民间大企业与中小型企业和公共部门还曾以"春斗"的形式谋求合作。

但是，在应对石油危机的过程中，雇佣体制也发生了巨大的变化。日本型雇佣体制的一环——日本式经营，在"减量经营"的口号下发生了变化。公司内部的临时工、社外工、季节工的比重逐渐加大，这作为雇佣调整的手段被企业灵活运用。新型ME技术的引入则进一步强化了这一行为。就这样开始了持续至今的劳动力的非正规雇佣。

另外，与现在的情况不同，这个时期的民间大型企业基

第4章 20世纪80年代的福利政治

本保障了正式员工的生活。但与之相对，公司有时也会以派遣、临时转公司、正式转公司等形式将员工派往其他公司，通过这种方式来保护就业。在严峻的经济环境下，正式员工对企业的依赖度比以前更大了。反过来说，正是利用主要员工的忠诚，日本的企业才得以用灵活温和的方式应对石油危机。

大企业的工会也逐渐开始重视经营的长久与稳定，在"春斗"中也开始控制提薪的要求了。另外，在"春斗"中与低生产率部门——中小企业——及公共部门的联合也被削弱了。这样的倾向在1975年的"春斗"中——在IMF·JC主导下，彻底实行了员工自我约束路线——变得明显起来。

另外，大型企业劳资双方在内外经济环境的变化和产业构造的转换中，开始追求从政府产业政策中独立出来的发展模式。他们认为政府对低生产率部门的持续保护，是削弱自己竞争力的原因，并对此抱有强烈的警戒心。雇佣体制内部本来就存在的裂痕进一步扩大了。

伊藤光利把这种追求自立的民间大企业的劳资双方称作大型企业劳资联合。伊藤对这个时期的团体进行了调查。在对结果进行粗略估算后发现，被动员的中小企业达到了52%，但大企业只有25%。伊藤认为，正是因为大企业劳资双方开始脱离了政策受益团体，在"临调改革"[①]中才会提出"小政府"的概念（伊藤，1988）。

但是如果仅凭这种具有新自由主义倾向的大企业中劳资双方态度这一点，就认为这个时期高生产率部门中的日本型雇

---

① 临调改革，指临时行政调查会主导的行政改革。此处指推动日本三大国营企业民营化等的第二临调主导的行政改革。——译者注

佣体制已经开始解体也是不对的。因为劳资双方本身就是日本型雇佣体制的产物，即使其脱离了产业政策的保护。正因为大企业仍然遵守长期不变的正式员工的雇佣原则，所以劳资双方共同提出的"小政府"要求才成为可能。因此，在就业保护这一点上，工会的要求并没有变化（久米，1998）。

20世纪90年代后半期，当大企业劳资双方的一体化开始解体时，反而是在大企业的工薪阶层中，追求除企业之外的保障体系的呼声越来越高。现在的日本工会总联合会（联合）也在追求非正式员工的组织化等更有代表性的工会运动。大型企业工会提出的"小政府"要求的时期，其实正是日本型雇佣体制开始动摇的时期，是关系紧张的象征。

中曾根政权的困境

中曾根政权正是为了争取以大企业主要员工为中心的都市新兴中产阶级的支持而展开自己的话语政治的。都市的工薪阶层逐渐被包含在大企业工会中，他们并不像田中内阁时期那样欢迎福利的扩大，反而希望减少可能成为大企业负担的社会保障、地方上的利益诱导等。

尽管如此，从中曾根内阁与自民党执行部的阵容来看，实质上中曾根政权是与田中派一脉相承的政权（北冈，1995：204~218）。对于这样的亲密关系，媒体甚至戏称其为"田中曾根"政权。中曾根不打算放弃地方上的利益诱导，因为在20世纪80年代后半期，自民党仍然对地方利益十分依赖，放弃地方上的利益诱导是十分困难的。

在1986年的众参两院同日所进行的选举中，获得众议院300个席位（事后增加4个）的大胜后，中曾根在自民党的全国研修会上发表了演讲，分析了胜利的原因。他这样分析道："自民党不但很珍惜迄今为止的老客户，更向左派伸出了双臂（中略），所以我们赢得了304个席位"。他一方面阐述争取"灰色地带"，也就是都市新兴中产阶级的意义，另一方面认为有必要"利用商工、农林渔业等方面的政策，努力抓住老客户的心"（东京大学田中明彦研究室：《战后日本政治国际关系数据库》）。

无论是行政改革还是税制改革，中曾根确实热心地关注着英美新保守主义的动向——特别是里根政权的政策。但是这都是以保障"迄今为止的老客户"的雇佣与收入为前提的。

但是，平衡"灰色地带"政策与一直以来的利益诱导并不是一件简单的事。这恰好就是中曾根政权最进退维谷的地方。如前所述，即使在推行税制改革以此来消除都市新兴中产阶级对税制的不满时，政府也不能不考虑既有的支持阶层从而采取各种各样的妥协措施，并保留了特例措施。同时维持"向左派伸出橄榄枝"和地方就业保护的最大支柱——公共事业之间的平衡也是很矛盾的。接下来笔者将以此为中心展开论述。

5　看不见的利益诱导

地方独立事业的推进

值得关注的是，这一时期在支持地方就业的公共事业体系里出现了一些重要的变化。1984年，政府通过制定"特别支援市町村建设政策"，用地方债筹到的费用扩大地方自治体的事业。同时将地方债本息补偿金的一部分记入地方补助金的基本财政需求额中。这一方法出现后很快得到普及。

在创设这种发行债券许可制的背景下,认为地方财政计划结算中地方独立事业并没有得到很好的执行的批判声越来越多。而补助金规模较小的自治体也有对抗其他省厅的国库补助金的战略。对于因为财政重建国库补助金数额不足从而不能很好地执行建设计划的自治体来说,交付税措施相较国库补助金的补助率要有利,也有一些人认为应该欢迎这样的措施(远藤,1999)。

此后,出现了类似的措施,如《市町防灾事业》(1986年)、《家乡建设特殊事业》(1988年)、《地方特定道路整备事业》(1992年)等。在普通建设事业费这一项上,国库补助事业与地方独立事业的比例进一步提高,从1973年到1981年,都道府县的补助事业是33.2%,而地方独立事业是13.1%;市町村的补助事业是30.7%,而独立事业是22.9%。1985~1993年,都道府县的补助建设是18.0%,而独立事业是33.4%;市町村的补助事业是6.2%,而独立事业是43.4%,发生了明显的逆转(金泽,2002)。

作为市町村的独立事业的财源,地方债在逐渐增加。包括在一连串的事业中发挥了巨大作用的地区综合调整事业债(地综债)在内,普通独立事业债自1985年后急剧增加,1990年占到了地方债的四成。虽然泡沫经济时期普通财源的比重有所提高,但泡沫经济崩溃后,独立事业对地方债的依赖度不断加深。在独立事业的财政来源中,地方债所占的比例在1987年还是28.1%,而到1994年则提高到了46%(町田,1997)。

在进入20世纪80年代后普通财务上的公共事业关系费

第4章　20世纪80年代的福利政治

和补助金有所减少。这是第二临调第一次报告（1981年）的目标，在80年代的话语政治中也是必要的。这样的制度形成后，公共事业的维持与扩大变得可能，转换成我们通常所说的"看不见的"利益诱导。而1985年的《广场协议》导致的日元升值和国际协作导致的内需扩大，则正好成为公共事业的支撑力量之一。政府在降低透明度的同时，采取由地方建设和交付税维持公共事业的战略本来是有很大矛盾的。由于税制改革，政府对所得税、法人税等交付税来源都实施了减税，并相应地征收间接税。所以，进入20世纪90年代后，由于所得税和法人税的减税，交付税的来源得不到保障，政府为了保证交付税总额而采取了复活特殊财务借款的政策（北山，2001）。

公共事业的重组与财政投、融资

可以说以第三开发机构为事业主体的民间企业事业的扩大是这个时期公共事业重组的一大特征。1986年颁布的《民活法》等促进了社会资本重组中民间企业家的参与。虽然第二临调和《前川报告》都倡导过加入民间力量，但是公共事业的职能和规模并没有发生大的变化。

包括民间设施的扩大在内，这一时期扩大公共事业的方法是在临调路线的指导下，利用民营化筹建公共事业资金。在第二临调的改革蓝图中，保护、干预政策在放宽限制方面并没有什么进展；反而是专营公司、电力公司和国有铁路三个公司的民营化成为第二临调和中曾根改革的主要课题（大狱，1994：243~224）。但是，这些"小政府"化的改革中，仍然有维持利益诱导的部分。

1985年，虽然民营化的NTT股份被卖出后所得的收入最终被用在了国债整顿上，但是政府表面上却设立了赢利企业、公有企业、私有企业三种融资企业，每种都是以无利息的形式进行融资的（门野，2002）。在国铁清算事业团的操纵下，1989年的预算中，本来用于填补国铁负债的新干线持有机构的资金，最终被用作新干线的养护上。有观点认为，这一事件和NTT事件的处理方法是一样的（新藤，1986：168）。

通过接纳地方债或者将资金转入特殊财务，制度的透明度降低，这就是投融资制度。旧财投的财政投、融资计划中的地方债的管理资金与简保资金、资金运营部资金，自1985年至1990年，从37980亿日元增长到了41700亿日元。同期普通财务中的公共事业关系费从63139亿日元减少到了61306亿日元。而财投计划中占公共事业投资中心地位的道路、运输、通信的投资额度则从35898亿日元增加到了50042亿日元。正如揭露了该事实的新藤宗幸所说："自民党一边在普通财务中假扮自己是'小政府'，一边通过政府金融确保了政治的资源"（新藤，2006：122～123；金子、高端，2008：147）。

将福利削减正当化的话语政治，与维持并扩大地方雇佣不可能并存。与此同时，对雇佣体制的批判也在不断增加。所以这个时期所推行的只能是降低公共事业和中小型企业金融消费的透明度。

也就是说，自民党只是将针对地方的利益诱导和保护就业的成绩在一部分的选民＝都市新兴中产阶级的视野中遮掩住了而已。这与安德鲁和甘布尔（Annesley and Gamble）所指出的，用来"逃避责备"的政治手法之一——"逃避业绩"的战略很相似。换句话说，这是一种将部分选民反对

第 4 章　20 世纪 80 年代的福利政治

的但是对政治来说又是必需的战略遮掩起来的政治手法（Annesley and Gamble，2004）。税制改革中，执政党一边为了获得都市新兴中产阶级的欢心而修改对自营业者和农民有利的税制，另一边却在制度中留了很多"后门"，以此来向传统的支持阶层妥协。这就如前所述。

现在再回过头来看，"看不见的"利益诱导的代价并不小。地方事业、财政投和融资、特殊财务等，造成了财政腐败和利权增殖。被隐藏起来的借款和利权的反扑，又成为 20 世纪 90 年代后期的"结构改革"的原因。提倡发行债券、不断扩大公共事业的大多数地方自治体也在其后逐步陷入了严重的财政危机。用财政投和融资资金发行债券、建设了多个旅游设施的夕张市就是其中一例（金子、高端，2008：15～16）。

第 5 章　20 世纪 90 年代后期以后的福利政治
——雇佣体制的解体与福利体制的重组

如上一章所述，从 20 世纪 80 年代中期开始，地方的雇佣体制变得很难与相关行政改革或财政重建保持并立，政府也因此采取了各种各样的措施来降低其可视度。与地方补助金特殊会计和财政投、融资紧密联系在一起的地方自治体公共事业重新发挥了维持地方雇佣的作用。但是，随着对特殊会计和财政投、融资等可视度较低的财源的依赖度越来越高，财政收入也开始减少，自治体的债务和特殊会计的赤字也开始增加。最后已到无法掩盖债务和赤字的程度，有关财政投、融资和特殊法人的各种利权成为问题。

就此要求"结构改革"的呼声不断高涨，到小泉结构改革时这一言论达到了顶峰。"结构改革"的主要目标是一直以来在幕后支撑着雇佣体制的地方财政和地方补助金的改革（三位一体改革）和财政投、融资改革（特殊法人改革、邮政民营化）。在一般财务上公共事业也将作为地方独立事业受到限制。以泡沫经济的崩溃为契机，日本式经营神话宣告结束。

这样一来，雇佣体制的基础开始解体。原本作为生活保障核心的雇佣体制开始动摇，对家庭的依赖也达到了极限，在没有任何能够依赖的保障体系的情况下，失业和贫困的人群逐渐增加。

因此，人们开始尝试可以代替雇佣体制的保障体系，

第 5 章　20 世纪 90 年代后期以后的福利政治

也尝试了福利体制的重组和部分扩张。但是，雇佣的不稳定和不正规减少了保险费和税收，对福利体制的可持续性造成了威胁。在福利体制方面，进一步限制支出的趋势日益明显。

一直以来，大城市和地方城市、高生产率部门和低生产率部门之间存在着横向的分割，而进入这一时期，正如基尼系数和相对贫困率的上升所表明的，人们逐渐意识到了差距的扩大，即纵向的分割。

1 "结构改革"的时代

从"政治改革"到"结构改革"

可以说，这一时期的话语政治是从 90 年代初热议的政治改革开始的。其契机则是利库路特事件的暴露（1988 年）。作为新兴企业的利库路特公司为了民间企业活力型的城市开发和民营化的 NTT 线路转售事业，大范围地向重要财政官员赠送未公开的股份，这就是利库路特事件。该事件震惊了社会。

行受贿的规模之大就不赘述，丑闻将原本推动行政改革的中曾根政权的中心力量卷入其中，另外该事件以本应象征着"从官到民"的民间企业活力型工程和 NTT 为舞台，不难想象原本对中曾根政权充满期待的都市新兴中产阶级的失望。随之东京"佐川急便"事件又暴露了金丸信的偷税事件，而且这一事件还与大型综合建筑公司的贪污事件有关。就是在这样的情况下，"政治改革"显得越发紧迫，政府确定了政治改革的方向（山口，1993）。

当"政治改革"言论日益高涨时，在自民党羽田派的拥护下日本国会通过了对没有实现"政治改革"的宫泽喜一内阁的不信任决议，此后便有了1993年的政界重组以及细川护熙非自民党和共产党的联合政府。并且细川联合政权下有关政治改革的四项法案得以通过，政府导入小选举区比例代表并立制。

在政界重组后的政治过程中，有关"政治改革"的议论逐渐转移到了"结构改革"的议论上。政治改革中利益诱导机制得到普遍关注，而这与日本的生活保障结构有关，政治改革已不单纯是政治问题。从某种意义上来说这是一种必然的趋势。另外，"结构改革"议论高涨的背景可以总结为以下三个方面。

第一，来自欧美，尤其是来自美国的对日本型体系的批判逐步升级。早在80年代中期，美国就将对日贸易收支的恶化归因于日本型体系而进行了批判。但是这一时期通过了日美结构协议（SII）以及日美综合经济协议，美国的对日批判发生了质的转变，即对日本的要求超越了单纯的扩大内需，提升到了要求结构性的、对综合制度的改革。

第二，泡沫经济的崩溃强化了对财政的依赖，对国家和地方公债的依赖度曾一度下降，但这一时期再次上升。地方财政中公债所占比例（地方债加上地方补助金特殊会计借款）在1991年是6.7%，而在1996年则增加到了18.3%。

第三，在日本经济的持续低迷中，包括原本赞赏日本型体系的经济学家在内，主张根本性改革的议论不断增加。特别是与"不可视"的特殊法人和特殊财务紧密相关的利权结构逐渐被媒体挖掘出来。猪濑直树的《日本国的研究》

第5章 20世纪90年代后期以后的福利政治

(1997)就是具有代表性的著述之一。以小泽一郎的《日本改造计划》为代表，一些政治家也对超越政治改革的"结构改革"进行了讨论（小泽，1993）。

"结构改革"论的扩大

自民党通过与社会党、先驱新党联手，在1994年6月恢复了执政权。但从1995年7月的参议院总选举中的得票率来看，不论是比例区还是选举区都较新进党要低。在这种情况下于1996年1月诞生的桥本龙太郎内阁重视新进党以及解散后的自由党的改革路线，提出了"六大改革"（金融体系改革、经济结构改革、财政结构改革、社会保障改革、行政改革、教育改革）这一系统化的结构改革。与此同时，执政党和在野党之间出现了热捧"改革"的倾向（竹中，2006）。

以财政危机和美国施压为前提的改革议论始自1985年的《前川报告》。但如之前所述，这些改革议论的重点是扫除扩大内需的障碍，而且和日本式经营相辅相成，采取奖励"地方社会增加资本"的政策。与之相比，新的"结构改革"论提出要对支撑日本式经营和长期雇佣惯例的金融体系、使地方的利益诱导成为可能的经济结构以及财政结构进行改革。也就是说，从整体上渗透到雇佣体制的趋势愈加明显。

1996年，自民党行政改革本部在"关于桥本行政改革的基本方向"中强调了第二临调的行政改革与这次结构改革的不同。这一构想后被称为"桥本构想"，即"土光临调为财政重建提供了现实性的解决办法。与之相比，这次的桥本行政改革面对时代环境的巨大变化，将对我国传统价值观和在其基础上建立的体制进行历史性的改变"。

1997年11月桥本内阁颁布了《财政结构改革法》，表明了到2003年实现国债零发行的目标。为了实现这一目标，同时还进行了更加详细的规划。例如，将1998年度的公共事业费用和上一年度相比削减7%；1998年度的社会保障支出需超出上一年度3000亿日元以上。

但是，1997年后期开始的金融危机和经济低迷，导致1998年7月的参议院总选举中自民党惨败。桥本内阁引咎辞职，接任的小渊惠三内阁废除了财政结构改革。之后，根本性转变"我国传统价值观和在其基础上建立的体制"这一"桥本行政改革基本方针"被2001年4月成立的小泉纯一郎内阁继承，小泉内阁进行了全方位的探索。

2 "过度的平等社会"论和"差距社会"论

"过度的平等社会"论的背景

20世纪80年代的"日本型福利社会"论是政治家、官员、研究者等与政策抉择有关的人员内部的"公共话语"。而"结构改革"论的目标则是实现"日本型福利社会"论所提出的雇佣体制的解体，同时强调与市民或选民之间保持紧密的"交流"。

那么这一言论为何能得到广泛的支持？如果只把来自美国的压力和财政危机作为"结构改革"论的原因，是无法解释为什么大部分选民对结构改革抱有期待的。

在这里需要注意的是从90年代末开始，日本是"结果平等"的社会或过度的平等社会这一议论开始增加。例如，

第5章 20世纪90年代后期以后的福利政治

1999年的经济战略会议中"有关日本经济再生的战略"指出,"由规定、保护或横向联带、护送船队式象征的过度平等、公平的日本型社会体系导致了公共部门人浮于事、低效率和资源分配的'倾斜'",同时还指出"现在正是应该和以规定、保护为基础的过度平等的社会诀别的时候"。此外,2000年召开了"21世纪日本构想恳谈会",会上提出"21世纪日本的构想",也指出日本社会"过度追求结果的平等,从而导致了'机会的不平等'""应该告别'结果的平等',导入'新的公平'"等。

即使在日本型雇佣体制较稳定的80年代中期,仅从基尼系数等客观指标来看,日本也是"过度的平等社会",很难说实现了"结果平等"。但是,从这一言论开始增加的90年代中期到2000年这一时期,日本的基尼系数处于上升趋势(OECD,2006)。尽管如此,在"过度的平等社会"论得到一定程度渗透的背后,或许是因为有着"分隔型生活保障"的制度结构以及在此基础上的话语政治的持续积累。

苅谷刚彦的分析暗示了这一点。苅谷指出,日本的业界和企业的待遇在形式上的统一性,使得"在超出各个公司或学校或业界的地方存在着更大的不平等",一直以来被当作问题的都是"封闭的竞争空间里微小的待遇差异"(苅谷,2001:175)。换言之,按照本书的框架,日本型雇佣体制的特点是,在业界或大企业共同体这些"分隔"的内部优先维持雇佣的稳定,待遇相对平等。一直以来人们强烈地意识到了这一点,而"分隔"之间的差距却没有被充分意识到。

尽管这种雇佣体制早已存在,那为何在这一时期"过度的平等社会"论引起极大的关注呢?这或许与一直以来被"分隔"的雇佣以及生活保障的机制开始动摇有关。一直以来,当雇佣体制稳定时,人们对待遇的不满是不会表面化的,只有当自身的雇佣或升职变得不确定、开始面对各种各样的风险时不满才会表现出来。另外,有关"分隔"之外的秩序,自80年代以来,在话语政治的展开中,越来越多的人意识到经济政策和税制对低生产率部门和地方均过于优惠这一问题。

这种认识与"财政危机""公务员的特权"等议论遥相呼应,成为"结构改革"论的基础。

"差距"论与"过度的平等"论的奇妙并存

但是,市场主义的"结构改革"进一步推动了劳动力市场的流动化,各个"分隔"中的保护性缓和规定和劳动力的非正规化也在推进,大企业中的成果主义得到推广。而且,随着"分隔"围墙变小,看待"分隔"之间差距的视野被拓宽。因此,"差距社会"论代替了"过度的平等社会"论,并得以迅速扩大。

早在90年代末,以橘木俊诏的《日本的经济差距——从收入和资产来考量》(1998)等书为契机产生了有关日本收入差距的议论。但有关差距社会的言论是伴随着小泉结构改革的推进开始普及的。尤其是小泉政权在2005年的总选举中大获全胜之后,2006年1月内阁府公开了题为"经济差距的动向"的官僚层面的会议资料。该文件认为差距是由老龄化的"表面上"的差距不断加大而导致的,在2月的参议院预算委员会上小泉首相又对差距的扩大表明了否定态度,并在答辩中指出"不认为差距的产生是坏事",由此

第5章　20世纪90年代后期以后的福利政治

导致各种反对的声音不断增加。有关差距社会的书籍十分畅销，媒体也给予了密切关注。

随着"三位一体"分权改革的推进以及地方补助金的削减，有些人士指出不仅仅是个人之间的收入差距，地区之间也存在经济上的差距。在不断渗透的"差距社会"论的影响下，提倡"生活第一"的民主党在2007年的参议院总选举中以一人区[①]为中心大获全胜。笔者等人于2007年11月进行了民意调查，关于如何看待小泉政权、安倍政权下日本社会发展状况这一问题，虽然有多种答案，但64.9%的受访者认为"贫富差距以及城市和地方的差距扩大了"（山口、宫本，2008）。

那么，在短时间内"过度的平等社会"论是否会被"差距社会"论取代呢？事情并没有那么简单。在经济财政咨询会议的专门调查委员会2005年公布的"日本21世纪前景"中，认为差距扩大的原因在于经济的停滞，"隐藏在社会的保护下、不求进取的人群比例增加了"，由此出现了过度保护导致差距产生的这一议论。

在2007年的参议院选举中大败之后，自民党表现出了重新将视线转移到地方利益分配的倾向。但是，这种做法强化了利益诱导，膨胀的利权机构并没有被革除。也就是说，并没有出现大部分人能够理解社会平等原理的机制。只要这一点不改正，"过度的平等社会"论和"差距社会"论就会以一种奇妙的形式一直并存下去。在"序"以及导言中提到的社会舆论的困境就从这里产生了，同时也导致了政治的

---

① 一人区，指在选举中议员的定额人数为一人的选举区，即小选举区或参议院议员选举区中改选议员席位为1的选举区。——译者注

胶着状态。

在这里还有一点需要补充，那就是使舆论动摇的话语政治的制度变化。自90年代末，以小选举区制为中心的选举制度改革和与其相对应的自民党、执政党的政权运营的集权化，媒体的兴起相结合，日本的政策不断发生变化（竹中，2006；待鸟，2005）。可以说议会内阁制增强了原来（英国式）的集权性色彩（饭尾，2007）。

这种情况下的话语政治以广大的选民为对象，重视有效的渗透。以小选举区和两大政党制为中心的英国式（威斯敏斯特式）的议会政治为了强化政党中枢的主动权，比起"公共话语"更加重视"交流话语"（Schmidt，2000）。这一点在日本被当作"剧场政治"的复兴得到了讨论，但是如果剧场政治膨胀并持续干扰舆论的话，事态很有可能会以极端的方式向一极化的方向发展。

3 雇佣体制的动摇及其归宿

日本式经营的解体

以上述话语政治为背景，并被话语政治的展开左右着的就是90年代中期雇佣体制的变化。

一直以来支撑着大企业长期雇佣惯例的各种条件在不断消失。企业集团内部股份的相互持有减少了从经营中追求短期收益的压力。但是，据野村证券金融经济研究所的调查显示，约3000家上市企业的相互持有率（相互持有股份的时价所占该股份时价总额的比例）从1990年的32.9%降到了2007年的12.3%。随着老龄化的发展，支撑着日本式经营

第 5 章　20 世纪 90 年代后期以后的福利政治

的年轻劳动力开始减少。1980 年 44 岁以下的劳动者所占劳动力人口的比例是 62%，到 2000 年这一比例则降到了 52.6%，而 44~64 岁的劳动者则从 4.4% 增加到了 6.3%（《少子化白皮书》，2006）。

在这样的环境变化中，日经联于 1995 年发表了题为"新时代的日本式经营"的报告，引起了巨大反响。报告中坚持"以人为本的经营""站在长远角度的经营"的理念，同时又提出了以下构想：将长期雇佣和企业内部福利对象限定为由综合职位、惯例职位等一部分主要劳动者组成的"长期积蓄能力活用型"团体，而对于专业性高、可委托给外部的"高度专业能力活用型"以及比较普通的、定型业务的"雇佣灵活型"团体，则以长期雇佣合同为中心，福利也被限定在维持生活方面（新日本式经营体系等研究项目，1995）。

从之后 10 年的发展来看，长期雇佣惯例在一定范围内仍在发挥作用。和欧美各国相比，日本的景气变动和失业率的关联性较弱，企业一直努力避免通过雇佣调整来应对经济低迷。其结果就是只要工龄长且是正规雇佣者，工资曲线就会根据工龄呈上升趋势（《劳动经济白皮书》，2007）。但是，据日经联进行的"高级管理层的问卷调查"显示，"长期雇佣人员只限于核心业务"的企业在 1996 年不满 10%，而在 2004 年则上升到了 14.8%。

1999 年 12 月，政府修改了《劳动者派遣法》，除了危险系数较高的港湾、运输、建筑、制造业等业务外，对于在此之前仅限于秘书等 26 种派遣劳动业务在原则上实施放开政策（但排除其中危险系数较高的港湾、运输、建筑、制造业等业务）。为了防止派遣员工填补公司职员空位的情况发生①，派遣时间的上限为1年，派遣接受方有义务对超过1年的员工进行正式雇佣。但是2004年3月这一上限被延长为3年，一直以来被禁止的制造业派遣员工业务也得到了解禁。

根据总务省的劳动力调查年报显示，除了管理人员之外，所有雇佣者中，早在2002年包括"计时工、零工""派遣员工""合同员工、特约人员"在内的非正式从业人员的比例就达到：男性15%、女性49.3%，2007年男性18.3%、女性53.5%。从整体来看，截至1999年8月正式从业人员和非正式从业人员的比例是74.4%:25.6%，到2007年则是66.5%:33.5%（总务省主页）。

地方独立事业的缩小

桥本内阁从财政结构改革入手，正式进行公共事业的改革。2001年致力于结构改革的小泉政权提出"骨太方针"②，作为施政的第一方案，明确表示降低公共投资占GDP的比例，其中包括支撑着80年代雇佣体制的地方独立事业动员机制。

该文件认为，削减地方补助金、重新审视"特定财源"等，均与"允许发行地方债，并将补偿金在下一年度作为地方补助金进行处理的机制"等一样在损害地方

---

① 在日本，派遣员工与正式员工所享受的待遇是大不相同的。例如，对派遣员工，企业无须派发辞退说明或退休金，甚至无须经过裁员手续随时可以解雇派遣员工。——译者注

② "骨太方针"，指2001年小泉纯一郎在经济财政咨询会议上提出的一系列改革政策的基本框架。在此次改革中，小泉提出的经济口号是"没有禁区的结构改革"（其中"禁区"指一直以来没能实现改革的特殊法人和特殊会计领域），小泉重视改革的彻底性。日语中"骨太"（ほねぶと）一词意为骨架结实。用该词命名一系列改革方针，也是在强调要彻底贯彻、落实改革政策，不得有漏洞。——译者注

第5章　20世纪90年代后期以后的福利政治

的自主性。文件还提出，包括向地方要求公共事业的"受益者负担"在内，将对这些制度进行重新考虑。曾在《前川报告》中受到奖励的地方独立事业在这里宣布被撤销。

在这样的政府方针下政府削减了以下公共事业。首先，一般年度支出中有关公共事业的预算（包括灾害修复费用）从1998年度的89853亿日元减少到了2007年度估算的69473亿日元。从《地方财政白皮书》来看，都道府县以及市町村的普通建设事业费用（不包括补助事业、独立事业、国家直属事业负担金）的削减更加明显，1992年度总额是285684亿日元，到2005年则降到了151043亿日元。特别是在同一时期独立事业费用从170645亿日元降到了66639亿日元，减少了将近10万亿日元（图1）。从2001年至2003年，五成以上市区的普通建设事业费用减少了20%以上（内阁府主页）。

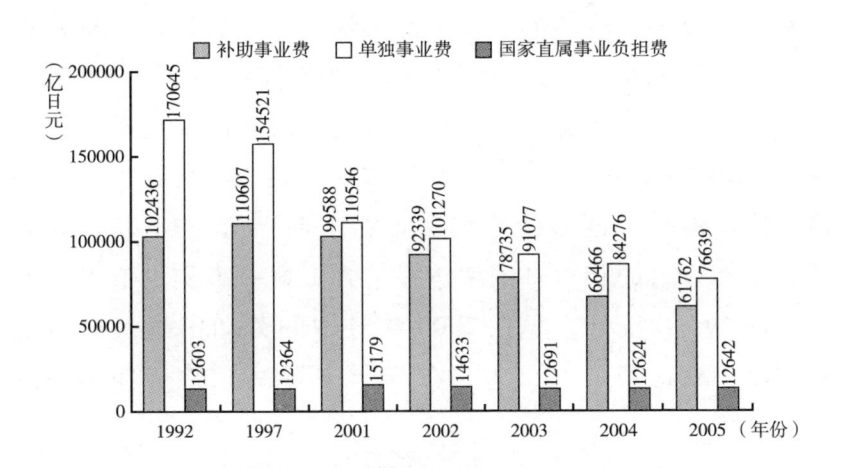

图1　市町村普通建设事业费用的推移

资料来源：《地方财政白皮书》，2007。

福利政治

收入差距和地区差距

堪称日本雇佣体制支柱的"日本式经营"和"土建国家"规模均在缩小，雇佣体制也在逐渐解体。随着2000年6月《大规模零售店铺法》被废除，日本通过了相对于中小零售业者的保护、更加注重以保护和改善生活环境为目的的大规模零售店铺的立法。此外，2004年4月实施的结构改革特区制度在一定程度上对地区发展起到了促进作用。

在日本，因雇佣体制从机能上代替了福利体制，再加上税制改革抑制了按能力承担税收，所以作为福利国家的所得再分配的机能得到限制。也正因为如此，雇佣体制的解体通过几个指标的差距扩大表现出来。

根据OECD的统计，2000年日本基尼系数是0.314，首次超过了成员国的平均系数（OECD，2006）。虽然也有人认为基尼系数的升高是由老龄化的迅速发展而引发的，但调查对象中年轻人较多的全国消费实情调查数据显示，将家庭成员人数考虑在内，用家庭收入除以成员人数的平方根得到等价可处分收入，总务省统计局将这一收入的基尼系数与其他国家比较后发现，虽然日本的基尼系数比盎格鲁-撒克逊诸国低，但高于许多欧洲国家且在不断上升。18~65岁的劳动年龄人口的相对贫困率正在上升，这一事实也值得引关注。据OCED统计，早在2000年日本的劳动年龄人口的相对贫困率就达到了13.5%，在17个国家中仅次于美国，排在第二位。

从差距的结构来看，地区之间的差距和代际的收入差距都在扩大。根据神野直彦等人的计算，市町村纳税人的平均收入差距从1999年的3.4倍扩大到了2004年的4.5倍

第 5 章　20 世纪 90 年代后期以后的福利政治

(《每日新闻》2007 年 2 月 4 日晨报)。在三位一体改革的潮流中，地方补助金不断减少，收入差距也直接影响着自治体的税收差距。都道府县的人均税收差距从 2003 年的 2.9 倍扩大到了 2005 年的 3.2 倍。税收差距又与服务差距联系在一起，财政基础越薄弱的地方服务的范围就越受限制，这也暴露出个人负担增加的问题。和东京都葛饰区的保育费（未满 3 岁儿童·中间额）相比，夕张市的费用是其 2 倍以上。

如第 1 章所述，在日本型福利体制、雇佣体制中，原本支援"现役"[①]一代人的就业和生活的"前半人生的社会保障"（广井，2006）就不十分充足。规模有限的社会保障支出一味地被转移到了年金和医疗上，而年金和医疗已无法支撑人的后半生。在这里只要回想起一个事件就可以说明问题了，那就是 70 年代初当福利规模扩大时，劳资双方共同斗争要求提高年金的支付水平。

在原有的条件下，对于保育或就业支援等服务减少，个人负担增加，这会直接反应在年轻家庭或没有配偶的单身家庭的收入差距上。如白波濑佐和子所指出的，根据不同年龄户主的家庭基尼系数来分析会发现，老年人家庭之间的差距趋于稳定，而年轻家庭或单身家庭间的差距在扩大（白波濑，2006）。

4　福利体制的重组 I——抑制和削减

福利体制重组的两个潮流

20 世纪 90 年代后半期，日本政府开始不断推进福利体

[①]　现役指正在工作、活跃在一线的人。——译者注

制的重组。人口的老龄化、家庭的变化、生活方式的变化、泡沫破裂后经济恢复的迟缓都加快了福利体制的重组。福利体制的重组不只是单纯地缩小支出规模或削减项目，还包括对体制本身进行重组。这一过程在几种不同的言论或潮流的并行、对立、渗透中展开。日本也不例外，其中我们可以梳理出多种流派。但是福利体制重组大体上可以归纳成以下两种潮流。

第一，强调财政的紧迫、降低支付水平和增加个人负担的潮流。有关年金和医疗的制度改革基本上就是在这样的潮流中进行的。对于生活保障和儿童抚养补助，受美国和英国的福利改革的影响，该潮流批判对公共福利的依赖，更强调自立和自助。

第二，以普遍主义制度为目标的潮流。在日本的生活保障中，雇佣体制的作用很大，而福利体制的作用却有限，特别是在社会服务方面。该潮流试图将对象只限定于一部分贫困人群，这种分类主义倾向尤其明显。其表现之一是将社会服务的提供定位为行政处理。与之相对，这里所说的普遍主义是指如北欧等国家那样，将所有人都划为社会保障和社会福利的对象。

以上对福利国家的重组方式进行了区分，但实际上二者又是相互渗透的。

试图向普遍主义制度转变的潮流是作为福利削减的对抗路线而被提出的，但是政府很快就以增加服务供给的总量为目标，选择将民间赢利组织纳入服务供给，并让使用者个人负担费用。但只要保险费或使用费等个人负担部分不断增加的话，无法承受这一负担的低收入层就会被排除在外。这样在实质上就抑制了公共支出，向普遍主义制度的转变只会流

第5章　20世纪90年代后期以后的福利政治

于形式，其结果就是第二种潮流向第一种潮流靠近。

相反，也可以考虑从普遍主义立场追求"自立支援"。"自立支援"论的现状基本上是以自立支援的名义抑制对生活保障或儿童抚养补助的支付。也就是说，和"小政府"志向的抑制支付论有着很明显的一致性。但是尽管如此，也不是说"自立支援"的目标和抑制支付论就是不可分割的。像北欧那样系统化地制定积极的劳动市场政策、将成本投在对就业的支援上时，就会出现与普遍主义立场的"社会包容"论、男女共同参与论等重叠的部分（宫本，2006b）。

修改年金制度

对于第一种潮流，即降低社会保障支付水平或限制支付条件的潮流，笔者下面将以年金和医疗为中心进行探讨。

首先就年金问题进行说明。自导入基础年金后，政府在1989年的国会上提出了《年金制度修改方案》，其中包括推迟厚生年金开始支付的年龄等。但时值导入消费税的混乱当中，因此这一方案成为悬案。同年7月自民党在参议院选举中败北，继宇野宗佑内阁之后海部俊树执政，政府于12月决定以被用者年金[①]间的财政调整来救济铁路共济年金。但是对于推迟始付年龄问题，由于在野党的强烈抵抗，没有取得任何进展。

在自由民主党、日本社会党和先驱新党联合执政的村山富市政权下，1994年11月政府决定将厚生年金的始付年龄推迟到65岁，并决定以男性自2001年起每三年延长一岁、女性比男性晚五年的形式进行转变。与这一决定相

---

① 被用者年金指在民营企业或政府部门工作的人使用的年金。——译者注

对应，政府导入了 60~64 岁的年金。同时政府还对 60~64 岁的在职老年人年金进行了调整，为了调动这一代人的就业热情，政府规定增加工资从而不使工资和年金的总额减少，1999 年对于报酬比例部分也将始付年龄定在了 65 岁。

抑制支付年金的第二大步是在 2004 年小泉政权下的年金改革中导入固定保险费的方式。政府修改了每隔五年对财政进行调整的方式，确定了最终的保险费，根据物价、人口和平均剩余寿命等决定保险费范围内的支付额度。为此而导入的就是名为"宏观经济浮动"的调整机制。"宏观经济浮动"是指从物价上升率中减去人口（公共年金受保人的减少率）和平均剩余寿命的增长率，然后再决定支付额度。

厚生年金的保险费从 2004 年 8 月的 13.5% 逐渐提高，将在 2017 年固定为 18.3%。根据厚生劳动省的测算，到 2023 年，包括家庭主妇在内的"模范样板家庭"，其所得替代率将从 2004 年的 59.3% 降低到 50.2%，实际价值将下降 15% 左右。但是这一计算的前提是 0.9% 的浮动调整率，被认为过于乐观。

医疗制度改革

1984 年健康保险制度规定个人负担一成，之后 1997 年政府对《健康保险法》进行了修改，受保者的咨询费用从一成增加到了三成。另外，在老年人保健制度上，门诊患者和住院患者的个人负担均有所增加。在自新先驱政权期间，政府延长了基础年金的始付年龄。对于医疗费用，因社会党（1996 年 3 月起改为社会民主党）成了执政党，因此在没有

第 5 章　20 世纪 90 年代后期以后的福利政治

强烈的政治抵抗下政府削减了支付费用。

小泉政权自 2003 年起，把受保人原本负担的两成与家属的住院费用等一起提高到了三成。70 岁以上的老年人的住院和门诊负担从 1984 年住院 1 天 300 日元、门诊 400 日元，之后逐年提高，自 2002 年 10 月起改为一成。收入与在职人员相当的老年人家庭则负担两成。

2005 年 12 月，政府、执政党的医疗改革协议会制定了"医疗制度改革大纲"。大纲规定，自 2006 年 10 月起，凡 70 岁以上且收入与在职人员相当的人的门诊负担从二成增加到三成；自 2008 年起，在此之前一直是自己负担一成的老年人也将负担两成。负担限额也被提高了。大纲还明确表示，自 2008 年起将创设以 75 岁以上人群为对象的新的老年人医疗制度，以此来代替老年人保健制度。这一制度的前提是预计到 2025 年，随着老龄化的加速，医疗费用支出将达到 56 万亿日元。而改革的主旨是要通过改革，将这一支出限制在 49 万亿日元以下。2006 年 6 月，以这一大纲为基础的医疗制度改革相关法律得以成立。

另外，被称为小泉结构改革司令塔的经济财政咨询会议则要求以更加市场主义化的方式进一步削减公共医疗费用。例如，在 2001 年"骨太方针"的第一个方案中，以"医疗机构经营的近代化、效率化"的名义提倡导入由股份公司运营医疗机构的体制。此外，作为"对公共医疗保险的重新审视"，方针提出减少对所谓的混合诊疗的规定。在 2005 年的"骨太方针"中，提议将社会保障费用的增加限制在"宏观指标"的范围内，并提出将 GDP 的增长率与老龄化的加速相结合的"老龄化修正 GDP"作为指标。

虽然至少到现在这种彻底的市场主义改革还没有完全实

现，但是通过提高一系列的个人负担，一直以来大部分国民能够轻松享用的日本医疗服务正在变质。个人负担所占国民医疗费的比例从1984年的11.6%升到了2003年的15.7%。医疗支出在低收入者的收入中所占比例也提高了，而且其逆进性[①]比英国等国家还要强（远藤，2007）。

工作福利制改革

在公共扶助和残疾人福利领域，抑制支付潮流与提倡自立、自助的言论结合在一起。这一点从这一领域中接连出现的以"自立支援"为名的制度改革中便可窥视一二。

可以说，这些改革相当于在美国或英国进行的工作福利制系列的改革。工作福利制是指解除人们对社会保障的"依赖"，用就业来代替福利支付。在各个福利国家政治的重组过程中，随着劳动力市场的流动化，长期失业人员和公共扶助领取人员的增加成为结构性问题，为了解决这一问题，工作福利制主张得到推广。

在工作福利制中，如果提供包括保育服务在内的足够的就业支援，并且通过工资水平等来确保工作的对等价值，是有可能帮助人们实现真正自立的。但是在各国的实际情况中，很多工作福利制被用来抑制福利支付。而且，工作福利制的制定还带有获得中产阶级对社会保障政策支持这样的意图。因为社会保障支出将对象只集中于贫困阶层，而这具有很强的分类主义倾向，所以同样面临多种风险的纳税人就会产生不满。而针对这一问题，如果政府能够将扶助领取人员的就业自立义务化，则更容易得到纳税人的支持（埋桥，

[①] 逆进性指为了达到某一目的而采取措施，而实际效果却正好相反。——译者注

第 5 章　20 世纪 90 年代后期以后的福利政治

2007；宫本，2004）。

日本的工作福利制改革的经过如下。2002 年厚生劳动省总结了"母子家庭等自立支援对策大纲"，并修改了《母子以及寡妇福利法》和《儿童抚养补助法》。在新的《儿童抚养补助法》中，增加了第二条"接受儿童抚养补助的母亲须主动争取自立"，并规定当补助的支付时间达到 5 年以上时将停止支付一部分补助。2002 年又制定了《支援无家可归者自立特别措施法》，对国家的综合对策和流浪人员提出了要求。

长期以来，在发达国家中日本的生活保护受助人员超过了人口的 1%。因此随着受助家庭超过了 100 万户，政府不得不于 2005 年对生活保护基准重新考虑，并以英国的福利新政等为模板，导入了"生活保护自立支援项目"。生活保护自立支援项目通过强化福利事务所与 Hello Work 的合作，为有劳动能力的生活保护受助人员提供就业指导和咨询服务。在下一节中也会提到，自 2006 年 4 月起日本实施了倡导推动残疾人就业自立的《残疾人自立支援法》。

在美国或英国的工作福利制中，如果受助人员不就业或拒绝参加职业培训项目时，政府会以停止保护来进行惩罚。到目前为止，日本还没有走到停止公共扶助受助权这一步。从这个意义上来说，日本的工作福利制和美国的硬性工作福利制之间是有一些不同的。

但是，在 2006 年 10 月全国知事会、市长会发表的《新的保障体系研讨会》报告中出现了通过模仿美国的改革来追求更加硬性的工作福利制的动向，例如提议将"现役"一代的受助年限定为 5 年。

5　福利体制的重组 II——普遍主义改革

普遍主义改革的起源

与第一种潮流相比，第二种潮流则是要把对象只限于贫困阶层的分类主义倾向很强的日本福利体制向着以所有市民为对象的普遍主义方向转变。这里笔者想通过三点来概括第二种潮流：①普遍主义改革的起源；②护理保险和社会福利基础结构改革；③男女共同参与。

普遍主义改革的潮流起因于厚生省以及一部分研究者的改革构想，由此和第二临调实行的福利削减路线划清界限。具体情况可以从曾是这一战略构想中心人物之一的三浦文夫的追述中看出一二。

三浦批判了第二临调的第一次报告中的福利观，即将福利政策的对象限定在"真正需要救济的人"这一分类主义原理，认为这一观念"非常消极，而且落后于时代"（三浦，1995：144~146）。他强调福利改革还存在其他可能性。

他指的是 1976 年 4 月社会福利恳谈会的"今后的社会福利"以及 1986 年 5 月社会福利基本构想恳谈会的"社会福利改革的基本构想"。这一潮流脱离了单纯扶贫的分类主义，将社会保障的重点从应对"货币需求"的现金支付改为针对"非货币需求"的服务供给，并试图以区域社会为中心进行改革。其目标就是实现"普遍主义福利"，即"与贫富无关、有求必应、不论是谁都能够享受到必要服务的体制"（三浦，1995：247~258）。

在前面也已提到，1985 年政府进行了所谓的高比率补

第5章　20世纪90年代后期以后的福利政治

助金的削减，社会福利基本构想恳谈会在严厉批评这一行为的同时，还提出要重新研究在社会福利方面国家和地方的责任分工。作为其延长线，1989年有关福利的审议会合同企划分科会对"今后的社会福利形式"进行了总结，其中提出了福利服务的"一般化、普遍化"、重视市町村的作用、充实上门服务的内容等，明确表示了以分权式的、普遍主义福利为目标的主张。

老年人福利与护理保险

如上一章所述，1988年消费税的导入削弱了税制的再分配功能，但具有讽刺意味的是为普遍主义改革提供了极大的机遇。

消费税的导入本身遭到了反对，再加上利库路特事件的暴露以及牛肉、橙子的贸易自由化引起了原本是传统支持层的生产者的背离，宇野内阁在1989年的参议院选举中惨败。在继任的海部政权下，自民党和大藏省看准了第二年的总选举，迫切需要将消费税正当化。这时有议论将消费税看作为应对老年人问题的财源供给。而且当时恰好很多人对老龄化和护理问题抱有不安，非常关心这一举措。仿照约翰·W.金登（John W. Kingdon）的说法来说，这里汇集了老龄化的"问题"、普遍主义福利"政策"和以消费税的导入为契机的"政治"机遇三大潮流，由此"政策的窗户"被打开了（Kingdon，2003：165－179）。

在当时的桥本龙太郎大藏相的主导下，提出了消费税用于扩充老年人福利的方针。

同年12月，厚生省在与大藏省、自治省的共同协商下推出了"老年人保健福利推进十年战略"（黄金计划），这一战略以大幅度扩大老年人护理服务规模为目标。例如,把1989年末人数为3.1万人的家庭服务员增加到10万人,短期护理床位从4300床增加到5万床,日托中心件数从1080件增加到1万件等,按照厚生省的估算,10年间的事业规模将达到6兆日元左右。

为了实现这一黄金计划,1990年政府决定"对《老年人福利法》进行部分修改",规定市町村有义务制订"老年人保健福利计划"。该法律将有关老年人、残疾人、儿童、寡妇等的福利服务的措施权限移交给了市町村,在很大程度上推动了福利的分权(三浦,1995:301;古川,1997:141~144;卫藤,1995)。

随着1993年细川联合政权的诞生,老年人的福利服务向导入护理保险的方向展开。通过社会保险实现护理服务的供给,早在1990年初这一想法就已经作为最有力的方案出现在厚生省内部了,并且在内部研究会上相关人员也确立了方案框架。

1994年2月3日凌晨,细川首相召开记者招待会,提出大藏省干部有意把老年人福利作为消费税增税的突破口,将消费税定为7%且改换为"国民福利税"这一构想。由于这一表态遭到联合政权内部和舆论的强烈反对而被迫撤回,但在这次记者招待会上提到的"福利前景"于次月被整理成文,并以"21世纪福利前景"为题公之于众,其中首次提到"新型护理体系"构想。

在这一前景中,对无法达到的各市町村老年人福利计划目标值的黄金计划进行了修改,提出了进一步完善"新黄金计划"的目标,同时还提出要制订"天使计划"来完善有关育儿支援的策略。此外还指出,有必要与"新黄金计

第5章　20世纪90年代后期以后的福利政治

划"相结合，构筑"无论哪位国民都能切身地、方便地享受到必要的护理服务"的护理体系。

包括"公共护理保险"一词在内，提出这一护理体系的是社会保障制度审议会于1995年公布的"社会保障体制的再构筑"设想。与日本的社会保障制度的基本设计紧密相关的审议会全面推出了普遍主义的社会保障主张，就这一点而言该文件意义深远。根据时任会长隅谷三喜男的追述，该设想中有以下考虑："必须对政府做出基本的劝告、制定具有说服力的对策来对抗临调"（社会保障制度审议会事务局，2000：33）。

除此之外，该设想还首先提出了把普遍性作为社会保障制度的实施原则，指出这一原则和公平性、综合性、权利性、有效性一样都是社会保障制度的推进原则。该设想还强调了社会保障与经济增长之间相辅相成的关系，明确指出"（用于社会保障的）社会经费是社会能够充满活力地发展下去的保障"，并提醒如果抑制公共负担，将提高私人负担和企业负担。

1995年设想的公共护理保险完全是先于"厚生省私下计划的"护理保险构想而提出的，其目的是先发制人（社会保障制度审议会事务局，2000：45）。之后政府又按照厚生省原本的路线，把1994年的《老年人自立支援体系研讨会》报告书中明确提出的以自立支援、使用者本位、老年人自身的选择等为重点的制度理念进一步明确化。

受此影响，老年人保健福利审议会对护理保险制度的细节部分进行了讨论，为制度的体系化做准备。当自民党通过与社会党、先驱新党联合重返政坛后，老年人保健福利审议会代替自民党，成为进行实质性调整的机构。尽管受到强调家庭作用的自民党保守派的抵抗，议论进展迟缓，但《护理保险法》最终还是于1997年12月得以通过（卫藤，1998）。

社会福利基础结构改革

就在护理保险制度成立之后，社会福利基础结构改革也有了进展。社会福利基础结构改革主张将护理保险所追求的普遍主义改革更加广泛地延伸到整个社会福利制度，对以措施制度为前提成立的福利制度结构进行根本性的改革。

也就是说，一方面要促进各种服务供给者加入社会福利事业当中，制定从护理保险措施到使用的流程；另一方面为了保证民间供给者的服务质量，完善使用者的权利体制，不断推进社会福利法人的设立与经营，扩大社会福利事业的范围，完善服务使用者的意见投诉处理体制。

社会福利基础结构改革以厚生省社会、救助局为主展开，1997年政府举行了"社会福利事业的现状与未来研讨会"，从而使改革步入正轨。同年11月，中央社会福利审议会成立了"社会福利结构改革分科会"，并进一步进行了探讨。次年1998年6月公布有关"社会福利基础结构改革"的中期报告，确立了以社会事业法的修改为基轴的改革基本方向（炭谷编，2003）。在厚生省现任事务次长的贪污受贿事件即冈光事件的余波中，自民党社会部会为了躲避民众对社会福利行政的指责，表示支持改革，2000年对呈递上来的法案给予通过。

其后这一社会福利基础结构改革在普遍主义政策和低收入层政策之间摇摆不定。而正是低收入层政策通过导入个人承担部分而使低收入人群负担加重。

第 5 章　20 世纪 90 年代后期以后的福利政治

2003 年，残疾人福利领域中导入了支援费制度。和护理保险一样，这是一项普遍主义政策，使用者自己选择服务而进行签约。但是，支援费制度的制定使之前一直被抑制的服务需求膨胀，资金严重不足，出现第一年度 128 亿日元、第二年度 250 亿日元以上的赤字。

就此 2006 年 4 月开始施行《残疾人自立支援法》。由于该法规定对服务的使用者征收一成费用，结果许多残疾人不得不控制服务使用量，再加上政府对报酬单价重新规定，福利事业所的经营接连陷入了僵局。虽然该法是为实现残疾人自立而提供帮助的就业工作福利型法律，但是在残疾人的就业环境并没有得到改善的情况下，该法律显得"劳而无功"。

男女共同参与

在日本的生活保障中，有着极为强烈的将男性劳动者的雇佣保障和主妇的无偿劳动结合在一起的倾向。在德国等欧洲的保守主义体制国家中，福利体制保护女性的无偿劳动，形成了大福利国家的家庭主义，而日本维持的则是小福利国家的家庭主义（大泽，2002）。

正是这样的结构，使得护理和保育的服务规模受到抑制，日本一直采取的是分类主义的提供方式。因此，实现男女共同参与和改革福利服务的普遍主义一直紧密地联系在一起，这是实现普遍主义福利体制所不可或缺的途径。

进入 90 年代，前面提到的社会保障制度审议会在 1995 年"社会保障体制的再构筑"中明确表明了这一途径。该文件表示在所有的领域"女性和男性的共同参与是不可或缺的"，并明确提出"希望在可行的范围内，把社会保障制度从以家庭为单位改为以个人为单位"。这其中也包含着与临调路线的"日本型福利社会"论的抗衡。

和以厚生省为中心展开的护理保险和社会福利基础结构改革不同，在有关男女共同参与的各种改革中，总理府周边的组织发挥了很大的作用。1994年强调男女平等的国内本部机构（national machinery），设立了男女共同参与推进本部，内阁总理大臣担任部长。

另外，大泽真理认为，如桥本六大改革一样，在抑制支付型小政府论的潮流中，关于社会性别平等这一点，这一时期的执政党和之前的自民党相比迈出了一大步。由于第二届桥本内阁和先驱新党、社民党之间有着"阁外合作"的关系[1]，这一趋势更加明显（大泽，2002：146~147）。

在第二届桥本内阁执政期间，政府于1996年12月公布了"男女共同参与2000年计划"，并在该计划的基础上于1997年依法设立了男女共同参与审议会。该审议会所提出的男女共同参与社会基本法被提交到国会，1999年6月，全会一致通过该法。男女共同参与社会基本法规定："建设（男女）有机会按照自己的意愿参加任何领域活动的社会，建设男女都能够平等地享受政治、经济、社会以及文化带来利益的社会，建设男女共同履行责任的社会"。同时国家和地方公共团体有义务制定相关措施来实现这一目标。该法的第四条提倡不以男女在特定社会活动中的状态为前提，社会制度和习惯应该是中立的；第六条还倡导家庭生活与工作的

---

[1] 阁外合作，即虽然该党人员不加入内阁，但在执政党制定政策及国会运营等方面给予合作，试图更好地反映本党意志，对自民党起到牵制作用。——译者注

第 5 章　20 世纪 90 年代后期以后的福利政治

并行不悖。

正如六项改革的方向所示，桥本政权是新自由主义倾向很强的政权。但换个角度来看，它实现了一个目标，即将摆脱家庭主义在内的日本型体制与男女共同参与论结合在了一起。

伴随着某种紧张感的男女共同参与和"结构改革"路线在小泉政权下得以延续。作为"结构改革的改革项目"，小泉内阁的"骨太方针"第一方案打出了"有利于女性工作的社会"的旗号，提出了税收和社会保障的"个人单位化"。另外，2002 年的"骨太方针"第二方案要求社会全体人员对育儿进行支援，并认为有必要对配偶特别扣税制进行重新考虑。之后内阁会议决定自 2004 年 1 月起，废除配偶特别扣税制的部分内容。

此外，在年金改革方面，"骨太方针"第二方案以及第三方案（2003 年）认为有必要制定与男女共同参与社会理念相一致的年金制度。为了回应这一点，厚生劳动省的社会保障审议会年金部会在"保险费固定方式""宏观经济浮动"等改革框架的基础上，又提出了相对于多样性的生活方式或工作方式而言中立的年金制度。年金权的分割、对第三受保者的重新规定、包括年就业时间不满 130 小时的非全日劳动者在内的厚生年金适用范围的扩大、产假期间的年金发放等课题都陆续被提上日程（大泽，2007）。

2004 年的年金改革明确了离婚时的年金分配方式，延长了育儿期保险费的免除期间等，虽然其他男女共同参与型年金的许多课题被束之高阁，但男女共同参与这一重要内容作为社会保障改革的基本理念之一得到了确立。

6 福利体制重组的障碍

抵制支付与工作福利制的障碍

如上所述,福利体制的重组同时存在两个潮流:抑制支付与工作福利制的潮流和普遍主义福利的潮流。这一系列改革是在雇佣体制的生活保障机能大幅度退化的前提下进行的,一方面推动着福利体制的重组,另一方面则给每次重组都带来了困难。

抑制支付的潮流虽然将制度的可持续发展作为第一课题,但随着雇佣体制的变化,特别是使用社会保险的正规雇佣人员的减少,这一潮流的基础开始动摇。正如大泽真理所分析的那样,厚生年金的受保者从1997年度的334万人不断减少,保险费的来源也随之减少,和1979年度相比,2001年度减少了3.6%。另外,虽然国民年金的第一受保者在增加,但其中非正规雇佣人员的保险费缴纳率却一直较低。在健康保险方面,自2001年起国民健康保险中的退休人员以及失业人员等"无业人员"的比例超过了五成(大泽,2007:169~184)。

此外,现在与抑制支付的潮流并行展开的工作福利制改革也面临着与雇佣体制解体之间存在隔阂的困境。虽被称作工作福利制,但日本的福利体制、雇佣体制一直以来都主要指雇佣体制,通过为民众提供工作来抑制贫困。从某种意义上来说这是工作福利制的先行体制(埋桥,1997)。可以说生活保护的保护率在国际社会上处于低水准从一个侧面反映了该体制特点。

第 5 章　20 世纪 90 年代后期以后的福利政治

生活保护的受助人员多半是老年人以及需要医疗扶助的人员，有劳动能力的人群受到限制。因此，"生活保护自立支援项目"等工作福利制要推动"从福利向就业"的转变，本身就存在局限性。再加上雇佣体制中越来越多的非正规雇佣，其不可能提供充足的生活保障。如果继续以民众为代价，将会进一步加深矛盾。

这种隔阂也存在于儿童抚养补助制度中。厚生劳动省在 2008 年为儿童抚养补助的领取制定了 5 年期限，同时还决定将重点转移到就业支援上。具体提供了一些项目，例如"自立支援教育培训补助金"承担取得职业资格证所需费用的四成。问题是日本八成的单亲家庭已经就业，再在其中追求就业的扩大不免有些勉强，而且雇佣环境本身也在恶化（《朝日新闻》2007 年 10 月 12 日晨报）。

普遍主义改革的障碍

另外，与护理保险、社会福利基础结构改革一样，以实现普遍主义福利为目标的改革也面临着雇佣体制的变化和差距扩大所带来的困难。以厚生劳动省为中心的社会服务普遍主义化的方法是重新研究制度措施，将民间营利性组织也作为供给主体以发展能够灵活利用的合同型制度。相比所有的人都能无条件地利用服务，普遍主义福利旨在扩大服务的供给量，并将服务使用者扩大到中产阶层。

确实，这种意义上的普遍主义化取得了一定程度的进展，特别是护理保险制度为消除福利服务接受者在接受福利服务供给时所产生的耻辱感（stigma）做出了贡献，极大地改变了人们的福利观。但是，随着个人负担的导入，出现了以护理服务所保障的低收入层为中心，从养护服务中排除部分人群的倾向。例如，在 2005 年的护理保险改革中，在特别养老院或老年人保健设施中征收生活费（居住费和伙食费），从这一点就能看出这一倾向。矛盾在这里就出现了：当雇佣体制解体、收入差距不断扩大的时候，在福利体制方面却推行假定有富裕的中产阶层的普遍主义改革。

残疾人福利领域的基础结构改革通过支援费制度扩大了一度被抑制的福利需求，但是既有的预算完全无法满足井喷式的需求，最后政府导入了工作福利制型的残疾人自立支援法。尽管起初是普遍主义改革，但却出现了严格抑制使用服务的状况。

最后，在雇佣体制不断解体过程中，普遍主义改革想要得到贯彻显得愈加困难。社会保障的财政规模一直都是由以雇佣体制为中心的生活保障来决定的。如果以这一财政规模为前提的话，普遍主义改革将会遭遇困境。随着全球化和脱工业化的发展，有必要重新设计雇佣体制和福利体制，重新构筑二者之间的关系。最后一章将对如何解决这一问题谈一些笔者的看法。

第 6 章　生活政治的可能性
——超越分割式政治

1　分割式政治

横向分割与纵向分割

前文在福利政治论的理论框架基础上对战后日本的福利政治进行了概观。

20世纪60年代至70年代日本型生活保障的特点是通过福利体制进行收入再分配，其重点是雇佣体制所提供的雇佣保障上的"分隔型生活保障"。在这样的机制中，不论是民间大企业还是地方的中小企业都要确保男性劳动者的雇佣及他们的一次性收入，再通过家庭主义将其与家庭成员的福利联系起来。

回顾一下可以发现，曾是小福利国家的日本之所以能够在一定程度上抑制垂直的收入分层，即纵向的分割，主要依赖于这种"分隔型生活保障"。由公共事业和各种保护、限制等组成的生活保障有着把收入从高生产率部门向低生产率部门转移、从城市向地方转移的一面。

反过来说，城市的民间大企业和地方的第一产业、个体经营、建设业等之间存在潜在的紧张关系，即横向的分割。但是，由于民间大企业中也存在依赖政府的产业政策阶段，所以这种紧张关系并不显著。之后随着对财政公债依存度的加深，加之大企业脱离政府的产业政策的出台，这一紧张关系开始变得明显。其表现之一是"大企业劳资联合"通过临调改革反对向地方进行利益诱导，追求小政府模式。

尽管如此，至少80年代在日本没有发生新自由主义要求对体制进行根本性重组的事态。

事实上，以都市新兴中产阶级对体制的不信任为背景，在行政改革和税制改革方面，政府开展了削减福利、重新审视面向地方的利益诱导、实行间接税等一系列工作。但是，表面上看"大企业劳资联合"的要求是新自由主义背景下的要求，而本身却是以当时依旧坚固的大企业的长期雇佣惯例为背景的劳资共同体的要求。同时，执政党以更加不易被察觉的方式继续为固有的支持层提供利益，使公共事业成为自治体的独立事业，财源的财政投、融资等可视度日益降低。

横向"两只船"与纵向"两只船"

支撑着日本福利政治的并不是有关对立利益调整的公共讨论。在日本的民主主义进程中，无论是市场原理还是福利国家原理，从未有人从正面讨论过利益调整的基本原理。并不是没有民主主义，相反正是民主主义形式上的约束，使得执政党既要获得城市工薪层等新中产阶级的支持，又要获得原有支持层的支持。

于是政治家在利用利益互不相容的双方的同时，又为了获得双方的支持而脚踏"两只船"。其结果仅从基尼系数来看的话，80年代没有造成差距的扩大，也就是纵向的分割。但是其代价是，公共讨论日益空洞化，进一步加深了横向的分割与相互的不信任。

第 6 章　生活政治的可能性

"两只船"政治的结果是财政的腐败,各种特殊财务等可视度较低的地方不断出现,同时也引起了新的利权增殖。泡沫经济的破裂使人们对日本型经济体制的悲观情绪不断加大,受此影响从 90 年代中期开始,结构改革的热潮一举升温。虽然 80 年代的政治削弱了福利体制,但仍保存了雇佣体制。而从 90 年代后半期开始,随着大企业雇佣的非正规化、政府大力削减公共事业等,雇佣体制开始解体。

但是,并没有人从正面讨论市场主义的功与过。当劳动市场不断流动化、人们开始担心差距不断扩大时,小泉政权提倡只有通过结构改革提高作为高生产率部门的大企业的竞争力,才能提高包括低收入人群在内的生活水平。特别是在 2005 年的邮政选举中,人们对政府极不信任,公务员被当作权力的象征,从而有人主张通过民营化减少公务员,以此来减轻大众的负担,只有这样,人们的生活才有可能富裕起来。

以官厅等政府机构为代表,一部分公务员待遇确实存在着不可忽视的问题。但是,在发达国家中日本的公务员人数已是很少的了,公务员的削减与经济活力是否有关成为疑问。此外,考虑到与全球化市场接轨的大企业和中小企业之间并没有协作,劳动分配率也受限制等,因此认为只有大企业的增长才能消除差距的议论也不具有说服力。当然这些议论的背后有战略性的一面,即同时想获得享受结构改革恩惠的富裕层和低收入层的支持。

与中曾根政治不同,小泉政治减少了向地方的利益诱导。而且还消除了长期以来城市新兴中产阶级和地方传统支持层这一横向的"两只船",并宣布要抛弃地方的利益诱导("摧毁自民党")。换言之,他更多地关注到富裕层和周边层、低收入层的纵向的"两只船"。

本书开头提到的日本福利政治胶着状态的问题到底来自哪里，想必答案已经清楚了。民众处在对福利有强烈的需求而又对行政裁量极不信任的状态中。城市和地方的利益对立被过度渲染。调整利益、对制度改革达成共识的公共讨论依旧没有进展。日本的福利政治依然停留在分割式的状态之中。

体制重组的方向性

纵向的分割即收入差距的扩大，与横向的分割即城市和地方、高生产率部门和低生产率部门的利益对立相互作用，矛盾不断深化，围绕日本生活保障问题所展开的民主主义政治处于胶着状态之中。日本型福利体制、雇佣体制走向解体，福利体制重组的尝试也由于雇佣的非正规化和工作穷人的增加而无法如愿以偿。对福利体制和雇佣体制以及二者的合作重新进行设计成为亟须解决的课题。

也有人认为在彻底搞活劳动力市场、放宽解雇规定等的基础上，再将劳动力市场与福利体制中的最低收入保障联系起来。在灵活性（flexibility）和保障（security）的一体化意义上，这种考虑被称为灵活保障（flexi-curity）。这样一来，经营者可以自由进行事业重组来应对全球化，而劳动者一方也可以将雇佣调整的痛楚降到最低限度，为新工作做准备。丹麦的生活保障就采用了这种策略，在劳动力市场中年均每3人中就有1人会换工作。灵活保障（flexi-curity）的主张超越了是"分隔型生活保障"还是市场主义的二者选一，是保障人们向自由选择的社会迈进的重要启示。但是，这种模式较适合于丹麦这种以中小企业为中心的产业结构社

第6章 生活政治的可能性

会，而以大企业为基轴的社会能否直接借鉴这种经验，尚有待讨论。

如果日本要参考这种思路的话，首先要拓宽雇佣体制中换工作或中途聘用的渠道，增加非正式雇佣的各种机会。而且需要在福利体制中将这些措施与以下支援型政策结合在一起，即①终身教育或职业培训等直接的就业支援服务；②保育或护理等间接的就业支援服务；③归还制的税额扣除等补助低工资的制度，或出于教育等原因可暂时离开劳动力市场的收入保障制度；④公共住宅政策或社会服务等降低生活成本的制度；⑤根据职业领域或生活方式而制定的中立性的（即使换工作或中途聘用也不受损失）年金制度等。

本书并不对这种新型的生活保障进行深入的分析，目的是在展望新的生活保障制度的基础上，将注意力集中在一个事实上，那就是在人们的生活中一直被忽视的新的社会风险或生存困难正在增加。新的生活保障制度面临着如何解决这些问题的考验，而这些问题的解决有可能成为摆脱分割和互不信任的政治、向新的福利政治过渡的契机。

2 新的生存困难

当然，长期以来的福利政治也倡导解决人们所面临的风险问题或生活上的困难。只是当时人们所期待的生活状态比较简单明了。

有稳定的收入和家庭成员各尽其职是民众生活的目标。应对失业、疾病、工伤、年龄增长等典型的风险和当这些风险变成现实时、弥补预定收入的损失是社会保障政策和雇佣政策的功能。用凯恩斯主义的雇佣政策（雇佣体制）为人

福利政治

们创造雇佣机会、用贝弗里奇式社会保险制度和公共扶助（福利体制）来应对典型的风险是政府的课题。在这个大框架中，日本的特点是将确保雇佣与家庭福利联系在一起。

但是由于各方面的情况发生了很大变化，在全球化市场经济的发展中，持续稳定的雇佣变得越发困难。随着老龄化的不断加速和女性社会参与度的加大，家庭发生了很大的变化。对民众来说拼命工作所追求的生活蓝图和家庭的意义变得越发模糊。并且，特别是在发达工业国家，有着强烈的被新兴工业国追赶上的紧迫感，"生存下去的竞争"日益凸显。职场中的压力过大，而且这种压力已在不断影响家庭。

在这种情况下，人们的生活中产生了之前没有预想到的新的风险。收入下降，加之生活意义丧失所导致的生存困难情绪不断蔓延，无法与社会顺利融合的民众不断增多。

随着雇佣的非正规化和不稳定以及职场越发精英化，罹患心理疾病的工薪人员和公务员数量激增。社会经济生产性本部[①]2006年以2150家上市公司为对象、2007年以各个自治体为对象进行的调查显示，患心理疾病的员工超过1000人以上的企业达到了63.2%，在同规模的自治体中达到了71.7%。58.5%的企业存在员工因患抑郁症等停职1个月以上，而2006年这一比例则增加到了74.8%（社会经济生产性本部心理健康研究所编，2007）。

[①] 日本社会经济生产性本部，成立于1994年4月，是由原来的日本生产性本部（1955～1994年）和日本社会经济国民会议（1973～1994年）合并而成的。原日本生产性本部主要在引进、改造、传播国外先进管理技术，开展人员培训方面发挥过巨大作用；原日本社会经济国民会议则在政策提议、为政府提供咨询等方面发挥过不容忽视的作用。两个机构合并而成的日本社会经济生产性本部积极推进以产业为中心的生产性运动，并继续开展解决各类社会问题的国民运动。其目的在于将生产运动推广到整个日本和国际社会。该机构通过社会经济体制的改革，使经济社会得到持续发展，创造了更加富裕和公正的社会。——译者注

第6章 生活政治的可能性

家庭也逐渐出现了严重的问题。较早被意识到的是护理问题等因老龄化所带来的家庭负担。而家庭中的儿童或青年培养、家庭内暴力等相关问题也在增加。2006年文部科学省的调查显示，全国中小学中拒绝上学的学生人数上升到了12.7万人，相当于儿童与学生人数的1.2%。在社会压力越来越大的背景下，儿童出现了如何适应社会、学习等各种障碍，这又与社会性自闭的情况紧密相连。

夫妻之间的家庭暴力（Domestic Violence，DV）事件明显增加。都道府县等配偶暴力咨询接待处的咨询次数从2002年的3.6万次增加到了2006年的5.9万次。厚生劳动省的资料显示，全国儿童咨询接待处所接待的儿童虐待咨询次数从1998年的6932次增加到了2006年的37323次。

以上问题均是与工作、学习以及家庭的根本意义有关的问题。其中很多问题虽然一直存在，但在雇佣或家庭的传统背景下，从未得到真正关注，目前事态已远远超出了可以视而不见的程度。

换言之，迄今为止的雇佣或社会保障制度没有设想到的新型风险或生存困难正在喷涌而出，这些问题也因此被称为"新的社会风险"（宫本，2006c）。今后所需要的不只是"生活保障"，而是重新审视生活内容、"重视生活质量"的民主主义。

3 生活政治与新的政治对立轴

什么是生活政治

民众不知如何表达自己的意见，常常面对问题孤立无援，不知所措。但是这些问题都是必须面对，而且是需要民众齐心协作才可以解决的公共性问题。而福利政治的新领域是与生活状态本身相关的政治，因此也可称其之为生活政治。

"与生活状态相关的政治"这种说法多少有些抽象，具体来说，应包括以下四点：①家庭应有的状态、男女社会分工的再定义；②有关各种身体或心理问题的护理；③可以与生活并存的新型工作方式（被称为 family · friendly 或 work · life · balance）；④与文化、宗教、性取向等相关的多种生活方式的相互认可。长期以来，其中许多问题都被视为私人问题，而现在它的公共性逐渐得到认可，开始作为福利政治问题被提出来。如前所述，发生这一变化的背后，是在全球化和脱工业化进程中雇佣体制和家庭发生了变化。

关于生活政治这一表述笔者借鉴了英国社会学家安东尼·吉登斯（Anthony Giddens）的主张。吉登斯用这一主张来代替"解放的政治"。吉登斯认为解放的政治是指人们从传统或习惯中获取自由所拥有的权利或资源再分配的政治。而生活政治相比再分配政治，是指随着迄今为止的传统或习惯失去了约束力，今后人们应将重点放在生活方式的重新构筑上（Giddens，1994：90-92；Giddens，1991）。

笔者在使用生活政治一词时并没有沿袭吉登斯的二分法。生活政治也是有关权利和资源再分配的政治。对于大部分民众来说，如果没有权利和资源的再分配，是无法开始新的生活的。

政府的责任或财政的功能等依然是重要问题，年金、医疗、公共扶助等长期以来是福利政治的争论点并将继续是关

第6章 生活政治的可能性

注的焦点。但对迄今为止的政策或制度下我们的生活到底如何这一问题的拷问同样重要。关于生活保障这一课题，经常会衍生这样一个问题，那就是"保障什么样的生活"。在第1节中提到了对雇佣体制和福利体制的重新规划以及二者合作的方向，我们需要这样一种机制，即鼓励和支援民众在选择多样生活方式的同时参与到社会中。

在这一点上，生活政治依然是新的政治对立轴。很难在既有的福利政治和生活政治之间划清界限。而且，生活政治的扩大有可能会带来和推动民主主义或福利体制、雇佣体制的大变革。

包含生活政治在内的新的对立构图

在社区或者家庭的各类问题不断涌现中，关于其理想状态的争论有着生活政治的特性。围绕社区或家庭的政治常常有两种对照性的解决对策。一个是在现如今的变化方向上朝着更加新型的社区或理想家庭状态发展的潮流。这一潮流提出了以下要求，即女性的就业或社会参与、家庭的社会性支援、性少数群体的权利等。与之相对应的潮流则认为如今的生存困难源自家庭中夫妻关系、亲子关系和道德的动摇，提倡回归传统的家庭和传统的男女分工，同时要求遵循传统规范的道德教育。

也就是说，由于生活政治是关于生活方式的政治，所以有时会呈现出不同的家庭观、生活观和道德观的对立。像再分配的福利政治那样通过预算来使这种对立达成妥协是很困难的。正因为都是比较直观的、感情化的问题，所以有时也会发展成为极为深刻的冲突。

在新的福利政治中，虽然这种生活政治或重视生活质量的政治分量增加了,但生活保障的再分配问题依然重要。这里出现的政治性对立的构图可以通过图 1 来表示。

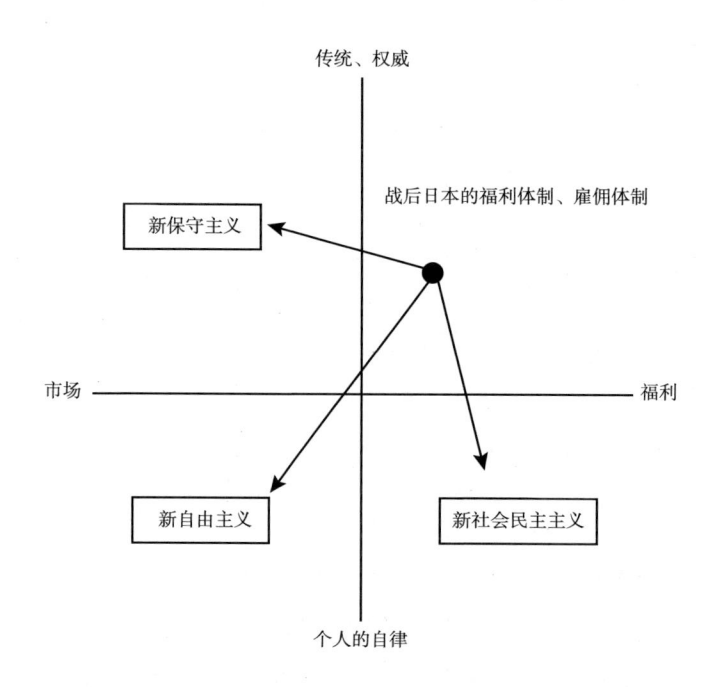

图 1 新型福利政治的对立轴

资料来源:笔者制作。

在图 1 中,横轴表示一直以来的关于生活保障的政治。在这里,市场原理和福利国家的对抗成为基础。纵轴表示生活内容本身的生活政治、生活形成的政治。是维持、重建传统的或权威的家庭、社区还是沿着加强个人自律的方向使其不断更新,在这里就出现了对抗。也可以称横轴为"再分配的政治",纵轴为"认可的政治"。

可以说,战后日本的福利体制、雇佣体制位于第一象限的中央位置。这一体制虽然依存于既有的家庭或共同体秩序,但至少在"日本型福利社会"论抬头之前并没有发挥

第6章　生活政治的可能性

很大的作用。此外，日本虽然通过雇佣体制实现了一定程度的生活保障，但和北欧或欧洲大陆各国的福利水平相比，差距还很大。

可以说，今天日本的福利体制、雇佣体制正朝着三个方向开始解体。第一种潮流是一方面推进市场主义的改革而另一方面又试图通过重建传统的家庭或规范或国家主义来防止共同体的解体。应该称之为新保守主义。安倍政权的"美丽国家"路线基本上瞄准了这一方向，因此政府从正面提出了强化家庭规范或道德教育。

第二种潮流虽然同样推进市场主义改革，但却鼓励从中扩展而来的个人的自律。和新保守主义相区别，我们可以称之为新自由主义。虽然新保守主义和新自由主义经常会被联系在一起，但是从生活政治的视角来看，二者还是有不容忽视的区别的。小泉政治的一系列"骨太方针"从这种意义上来说是新自由主义。和之后的安倍政权不同，小泉政权关于从以家庭为单位向以个人为单位转变的社会保障、女性就业支援政策等问题进行了富有建设性的探讨。

第三种是试图将社会保障和福利的强化与个人自律结合起来的潮流，即继承了"第三条路"或北欧型的社会民主主义潮流。这里可以称之为新社会民主主义。

虽然新自由主义和新社会民主主义都提倡个人的自律，但是如果没有共同体，单打独斗的个人是无法生存的。共同体的重建、个人与共同体之间的关系调整等潜在课题就凸显出来。因此，有关"第三条路"议论中经常表现出"communi-tarianism"（共同体主义）的倾向。

参考上一章笔者对日本福利体制重组的两个潮流进行的分析，可以得出以下一些认识，即抑制支付和削减属于第二象限、第三象限，普遍主义改革的潮流则可以划入第四象限。男女共同参与是第四象限的新社会民主主义计划，同时个人自律的方向性与第三象限的新自由主义潮流共有。

通过第三象限和第四象限的位置关系可以看出，20世纪90年代中期以后的男女共同参与政策在桥本六项改革和小泉结构改革等新自由主义色彩很强的改革路线中得到执行并非偶然（大泽，2002：133~165）。

日本的生活政治

作为日本生活政治的突出表现之一，可以预想的是有关社会性别平等的政策展开以及针对这些政策的反抗。从90年代中期开始，这一领域的新政策在日本持续展开。1996年完成了包括"选择性夫妇别姓"[①]在内的民法修订。2001年制定了《家庭暴力防治法》，2004年进行了法律修订，规定将对身心有害的言行视为暴力等（岩本，2006）。与上一章提到的《男女共同参与社会基本法》和《雇佣机会均等修订法》的施行相结合，有关社会性别平等的生活政治的讨论上升到了国家政治层面。

在这些政策中，凡是已成定案的都基本得到了国会的一致通过。许多保守政治家并不认为追求社会性别平等或防止家庭暴力的政策能够真正地影响人们的生活。但在制定了一系列法律之后，保守派的媒体或团体中出现了拥护传统的家

[①] 夫妇别姓，指夫妇采用各自原来的姓氏。1898年，《明治民法》规定夫妇同姓，并延续至今。但是从20世纪80年代起，日本社会掀起了要求夫妇别姓的运动，民主党也多次提出有关夫妇别姓的民法修正案，但至今仍未得到法律的认可。——译者注

第6章 生活政治的可能性

庭形象、强烈反对这些政策的动向。

尤其是在《男女共同参与社会基本法》的通过与实施（1999年）的2002年前后，这一动向更加明显。与报纸的宣传活动等相结合，在国会和地方议会上，保守派议员对社会性别平等政策进行了强烈批评。2005年在德岛县议会上通过了《男女共同参与社会基本法》的意见书。意见书指出，该法否定传统和文化、无视男女的区别，属于"恣意地运用"。之后在其他几个自治体中也出现了采纳同样意见、对自治体的基本条例中推动社会性别平等的规定进行修改等动向。

在这样的背景下，2005年重新研究基于《男女共同参与社会基本法》的"基本计划"时，自民党的"过度的性教育、社会性别自由教育实证调查项目组"向政府提出了不再使用"社会性别"这一词语等要求。由于男女共同参与担当大臣猪口邦子等人的抵抗，"基本计划"中留下了社会性别一词，但是为该词追加了注解，表明并不是要消除"男女之间的差别"。

在美国堕胎和同性恋婚姻问题等造成的对立已代替迄今为止的再分配政治，在总统选举等重要政治活动中已上升到了国家层面的政治讨论的中心位置。在日本，生活政治与关于修订宪法的政治相互作用，今后将有可能更加明确地成为国家政治的焦点。

当然，生活政治并不等于伴随着尖锐对立的社会性别政治。如果说得通俗一些的话，生活政治是在考量新的生活方式或人们所面对的生存压力的基础上，调整福利体制和雇佣体制的过程。而正是在这个过程中恰恰有可能诞生新的福利政治。

4 福利政治的刷新

新的民主主义和公共空间

融入了生活政治的福利政治有可能与民主主义的深化联系在一起。

一直以来，围绕生活保障的民主主义带有政治游戏的色彩，在这场游戏中，政党或行政机构竞相从民众那里获得支持。这是一种选民通过选择政治精英表明喜好的领导者竞争型民主主义。从牵制政治家这一点来看，这种民主主义发挥了相应的作用。但是，正因为如此，害怕舆论提出质疑的政治家或行政机构为了"逃避责备"，忙于舆论诱导，或煽动人们之间的相互对立。

而重视生活质量的民主主义则受困于民主主义思想的不断变化。因此在地域社会中，或许我们能够看到关于民主主义的认识是各种群体在对生活方式的理想状态反复进行讨论中所得出来的，人们也就更加追求深入讨论后的"熟议型"的民主主义（筱原，2007）。

这种被称为"熟议型"的民主主义并不是在描绘过于理想化的构图。"熟议型"民主主义是不同人群通过识别不同的议论方法相互交换意见，是不擅长公共讨论的各类民众经过反复尝试摸索出的解决问题方法的过程。也就是说，这是一个"在困境中寻找出路"的交涉过程。

例如，从性质上来说，各种护理、看护需求问题是无法通过行政主导自上而下得到解决的。只能是当事人、家属等在毫无办法之后提出要求，由专家、自助团体、非营利组织

第6章 生活政治的可能性

（NPO）提供援助，行政、护理人员等联合起来摸索解决方法。专家或行政组织和当事人、家属之间存在明显的信息不对称和关心点的偏差的问题。民众只能在不得已的情况下说出真话直接交涉，各种问题也不是只有一种解决办法。

但是，最终当这种不断讨论的结果和问题的解决联系到一起时，就会给地域社会带来极大的影响。如果人们参与社会各类活动的困难得以克服，将会有更多的人从被动护理的一方转变成更加能动地支撑地域社会的一方，那么将会带动整个地域社会人力资源的有效利用。当孤立无援的个人提出意见建立新的人际关系时，这本身就形成了新的共同体，就会建立人与人之间的相互信赖关系，即社会关系资本。

也就是说，生活政治是为了人们参加福利保障的政治，是与地域社会活力和发展紧密相连的政治。因战后日本的福利政治陷入分割政治而缩小的公共讨论空间由此也可以得到扩大。

从福利国家到福利治理

家庭基本形态应是怎样的，如何考虑男女分工，包括这些主题在内的生活政治有可能发展成直接的、感情过剩的政治。另外，如果与具体问题的解决联系起来考虑的话，公共空间就可能扩大。如何创造条件来有效利用这种积极的可能性，已经成为福利政治的课题。当然如前所述，对新的福利体制、雇佣体制的具体展望已超越了本书的课题。这里只就福利国家向福利治理的转变谈一点个人看法，即有效利用生活政治的可能性，使人们以多种方式参与社会，而关于实现这一目标的制度条件的讨论已远远超出了福利国家的讨论范围。

福利政治

　　如前所述，与生活政治有关的问题已经超越了原有的行政组织发现和处理问题的能力。在每一个人身边，为了应对社会参与多样而复杂的需求，很多时候更有效的方法是参与NPO或自助团体等民间非营利组织的活动。政府行政组织应该从市町村层面与民间组织联合起来，在应对各种身心问题、护理或保育、终身教育等公共问题时进行合作。

　　在上一章中笔者也提到，这种公共服务的分权化和多元化方向作为临调改革的对抗轴早已被提及，而且通过护理保险制度等被制度化。但是，迄今为止的多元化改革都倾向于对民间组织进行成本削减，没有彻底有效地发挥作用。分权化的潮流也与财政自立论相重合，结果导致在最需要支援型公共服务的地方却减少了服务内容。

　　与公共服务的分权化、多元化相对应，福利体制的另一个支柱即收入保障依然是国家的责任。但是，与先前一样应对特殊人生的特殊风险的社会保险（失业保险、工伤保险、年金保险）的局限性逐渐暴露出来。人们多样的生活方式中需要中立的、更加灵活的收入保障。这也是各种社会保险、负所得税、基本收入（basic income）等选择被广泛议论的理由。

　　另外，关于雇佣体制，虽然在地方产业结构或地理优势等基础上由国家承担雇佣的责任并不合适，但由市町村来承担的话其规模又过于弱小。人们期待着都道府县或者规模更大一级的政府作为新的经济政策的主体能够成长起来。

　　一直以来的福利体制、雇佣体制都是由国民国家完善的。但是，在生活政治比重提高的新的福利政治时代，在福利体制、雇佣体制的职能方面各级部门分别发挥主观能动性。收入保障由国家（nation）通过更加灵活的方式来实

第 6 章　生活政治的可能性

现；公共服务方面，如民众的困难则由行政和民间组织在市町村（local）层面迅速应对；雇佣机会则由都道府县或道州（region）根据地方特性来创造。与其说这种形式是福利国家，不如说是福利治理。只是这些能实现到何种程度、以怎样的形式去实现，都与福利政治的实际展开情况紧密相连。

后　记

　　战后日本生活保障机制解体，民众对于生活充满不安。而日本政府却对此毫无作为。本书试图通过分析战后日本的福利政治的发展过程，考察事态发展至此的经过。

　　我并不认为政治学能够或者应该以学问的名义为现实的政治和社会开出处方。虽然专攻政治学的人在时论中曾有过这样的见解，但当政治和社会面临巨大的窘境、无法发挥作用时，追溯发展至此的经过、以此来解决问题，我认为这是具有可行性的。同时在这种尝试的基础上，我认为近年发展起来的分析福利政治的理论框架，例如福利体制和雇佣体制论或制度转化论、话语政治论等理论中也潜藏着解决问题的巨大可能性。

　　我就是在这种多少有些大胆的问题意识下，首先努力阐明了日本的生活保障的制度体系，特别是福利体制和雇佣体制的关联以及其经历的政治过程。和经常被论及的论点不同，我认为日本的生活保障并不是在1973年的"福利元年"之后开始解体的。以男性劳动者的雇佣保障为核心的生活保障表现出了一定的持续性。但是这一体制内部隐藏了雇佣中固有的问题。本书试图揭示这种分裂的福利政治是如何发展到今天这种胶着状态的。

　　当然，拙作能够做到的也是有限的。从比较论角度分析

后　记

日本型福利体制、雇佣体制的定位及其变化的方向、生活政治比重提高的福利政治等，对于这些问题的深入讨论恐怕只有重新撰稿时才能做到。

接受有斐阁书籍第二编辑部青海泰司氏关于撰写本书的邀请已经是三年多以前的事情了。这几年我在撰写本书的同时也在汇总有关后福利国家论的讨论。显然不顾浅学而同时进行几个方面的写作是很难办到的，结果每个写作都迟迟没有进展。对于只夹杂着一时的想法谈论本书的构想却迟迟没有动笔的我，青海先生拿出极大的耐心等待，并给予我启发性的建议。但是，自去年夏天开始，青海先生平日温和的笑脸出现了变化，于是我写就了本书的概要，同时也提交了日本政治学会的共通论题报告，以此为草稿写下了本书。本书终于完成，我也有精力集中于后福利国家论的写作了，再次向青海先生表示感谢。

另外，在本书的准备过程中，首先向在学会报告阶段给予诸多建议的内山融、小原隆治二位先生，以及对本书初稿提出宝贵意见的大泽真理、金井郁、空井护、稼农和久等表示深深的谢意。新川敏光为日本福利政治研究做出了巨大贡献，也对我的这份尚不成熟的书稿提出了意见。另外北海道大学大学院法学研究科的千田航同学帮忙整理了原稿。因之后又进行了大幅度的修改，所以如有新的错误出现，均是我的责任。如读者不吝赐教，将不胜感激。

从本书的问题提出、构成到最终成形，得到了众多人士的帮助，这里就不一一列举。北海道大学大学院法学研究科，尤其是政治学讲座的诸位同人在平日里给予我许多关照。如果不是通过几个项目得知神野直彦教授和同事山口二郎在现实问题研究方面进行过尖锐的交锋，恐怕多少有些隐遁倾向的我是不会涉及这种主题的。

　　此外，感谢在小川正浩的帮助下成立的生活经济政治研究所"比较劳动运动"研究会的成员、由冈泽宪芙教授主导的联合总研"通往现代福利国家的新路径"研究委员会的各位成员，从他们那里我也得到了很多的激励。斋藤纯一和植田和弘让我从政治思想、环境等不同视角思考问题。

　　另外，本书部分内容也是文部省科学研究费补助金（基础研究 A）"脱'日德型体制'比较政治分析"的研究成果。

　　接下来要提到的是有关我个人的私事。当我正式开始学习比较福利政治的时候，我的两个孩子澄香和一希降生了。我当时还年轻，幻想着有一天完成一项大的工作之后，在后记中写上两个人的名字，再写上"献给孩子们的未来"。当再次意识到的时候，孩子们已经是青少年了，在这个困难的时代她们到了多愁善感的年龄，而她们的父亲却已疲惫不堪，也没有完成当时想象的那种"大事业"。但是，我要对她们两人说，在条件允许的范围内做力所能及的事情是最重要的。当然，这话大部分是鼓励我自己的。

2008 年 6 月
初夏的札幌
宫本太郎

参考文献

日文文献

雨宫处凛：《不稳定者——数码日工一代的不安的生存方式》，洋泉社，2007。

饭尾润：《日本的统治结构——从官僚内阁制到国会内阁制》，中公新书，2007。

石川真澄：《日本政治的透视图》，现代理论社，1985。

石桥湛山：《五项誓言——1月8日全国演讲第一声》，《石桥湛山全集》第十四卷，东洋经济新报社，1970。

伊藤光利：《大企业劳资联合的形成》，*LEVIATHAN* 1988年第2号。

猪口孝、岩井奉信：《"族议员"的研究——操纵自民党政权的主角们》，日本经济新闻社，1987。

猪濑直树：《日本国的研究》，《文艺春秋》（文春文库，1999年），1997。

岩本美砂子：《家父长制与社会性别平等——以新设了少数群体女性条款的2004年DV法为线索》，日本政治学会编《年报政治学2006 I 平等与政治》，木铎社，2006。

埋桥孝文：《现代福利国家的国际比较——日本型的地位与展望》，日本评论社，1997。

埋桥孝文：《席卷国际的工作福利制——理论和问题点》，埋桥孝文编《工作福利制——从排除到包容？》，法律文化社，2007。

内山融：《现代日本的国家与市场——石油危机之后市场的脱"公共领域"化》，东京大学出版会，1998。

卫藤干子：《福利国家的"缩小、重组"和厚生行政》，*LEVIATHAN* 1995 年第 17 号。

卫藤干子：《联合政权下日本型福利的转变——创立护理保险制度的政策过程》，*LEVIATHAN* 1998 年临时增刊号（夏）。

远藤久夫：《患者负担的国家比较—个人负担与医疗利用的公平性》，田中滋、二木立编《医疗制度改革的国际比较》（讲座　医疗经济、政策学　第六卷），劲草书房，2007。

远藤安彦：《分权时代的地方财政——回顾近年的地方财政对策》，日本地方财政学会编《地方财政改革的国际动向》，劲草书房，1999。

大泽真理：《创建男女公共参与社会》，日本放送出版协会，2002。

大泽真理：《现代日本的生活保障体系——坐标与走向》，岩波书店，2007。

大狱秀夫：《自由主义改革的时代——20 世纪 80 年代前期的日本政治》，中公丛书，1994。

大狱秀夫：《日本政治的对立轴——在 93 年之后的政界重组中》，中公新书。

小泽一郎：《日本改造计划》，讲谈社，1993。

加藤淳子：《税制改革和官僚制》，东京大学出版会，1997。

加藤智章：《社会保障制度中的生活保障和所得保障》，日本社会保障法学会编《所得保障法》（讲座　社会保障法　第二卷），法律文化社，2001。

门野圭司：《民活导入和公共事业的重组》，金泽史男

参考文献

编《现代的公共事业——国际经验与日本》，日本经济评论社，2002。

金指正雄：《销售额税登场的经过——追溯中曾根政权的轨迹》，内田健三、金指正雄、福冈政行编《有关税制改革的政治力学——在自民党占据优势下的政治过程》，中央公论社，1988。

金泽史男：《财政危机下的公共投资偏重型财政系统》，金泽史男编《现代的公共事业——国际经验与日本》，日本经济评论社，2002。

金子胜：《企业社会的形成与日本社会——"资产所有民主主义"的结果》，东京大学社会科学研究所编《现代日本社会 五——结构》，东京大学出版会，1991。

金子胜、高端正幸编《地区的抛弃—无法生存的现实》，岩波书店，2008。

上西朗夫：《智囊政治——内阁机能的强化》，讲谈社现代新书，1985。

加茂利男：《日本型政治体系——集权结构与分权改革》，有斐阁，1993。

苅谷刚彦：《阶层化的日本和教育危机——从不平等再生产到激励差距社会》，有信堂高文社，2001。

神原胜：《转变期的政治过程——临调的轨迹和机能》，综合劳动研究所，1986。

岸信介：《岸信介回忆录——保守合同与安保修订》，广济堂出版，1983。

北冈伸一：《自民党——执政党的38年》（20世纪的日本Ⅰ），读卖新闻社，1995（中公文库，2008年）。

北山俊哉：《地方独立事业的盛衰——有关制度的政治

过程》,《年报行政研究》2002年第37号。

北山俊哉:《土建国家日本与资本主义的诸多类型》,LEVIATHAN 2003年第32号。

久米郁男:《日本型劳使关系的成功——战后和解的政治经济学》,有斐阁,1998。

团体1984:《日本的自杀》,《文艺春秋》1975年2月号。

经济企划厅:《经济白皮书(昭和三十三年度)——景气循环的复活》,至诚堂,1958。

河野康子:《战后和高度增长的终结》(日本的历史24),讲谈社,2002。

小林良彰:《现代日本的选举》,东京大学出版会,1991。

近藤文二:《国民皆保险和国民年金》,菅沼隆主编,大内兵卫编,《战后社会保障的发展》,至诚堂,1961。

近藤康史:《比较政治学中的"思想的政治"——政治变化和结构主义》,日本政治学会编《年报政治学2006 Ⅱ 政治学的新潮流——面向21世纪的政治学》,木铎社,2007。

财政调查会编《国家的预算——其结构与背景 昭和五十一年度版》,1976。

佐口卓:《日本的医疗保险和医疗制度》东京大学社会科学研究所编《福利国家 五——日本的经济和福利》,东京大学出版会,1985。

地主重美:《高龄化社会的医疗保险——以老年人医疗保险的发展为中心》,东京大学社会科学研究所编《福利国家 五——日本的经济和福利》,东京大学出版会,1985。

参考文献

筱原一：《历史政治学与民主主义》，岩波书店，2007。

社会经济生产性本部心理健康研究所编《产业人员心理健康白皮书》（2007年版），社会经济生产率本部心理健康研究所，2007。

社会保障制度审议会事务局编《社会保障的展开与未来——社会保障制度审议会50年的历史》，法研，2000。

白波濑佐和子：《差距论置之不问的东西》，神野直彦、宫本太郎编《走向脱"差距社会"的战略》，岩波书店，2006。

新川敏光：《日本的年金改革政治——逃避责备的成功与界限》，新川敏光、G. Bonoli编，新川敏光编译《年金改革的比较政治学——途径依存性与逃避责备》，MINERVA书房，2004。

新川敏光：《日本型福利体制的发展与变容》，MINERVA书房，2005。

新藤宗幸：《行政改革与现代政治》，岩波书店，1986。

新藤宗幸：《财政破产与税制改革》，岩波书店，1989。

新藤宗幸：《财政投·融资》（行政学丛书2），东京大学出版会，2006。

新日本式经营体系等研究项目编《新时代的"日本式经营"——应挑战的方向和具体策略——新·日本式经营体系等研究项目报告》，日本经营者团体联盟，1995。

神野直彦：《人类恢复的经济学》，岩波新书，2002。

杉田敦：《权利》（思考的边界），岩波书店，2000。

炭谷茂编《社会福利基础结构改革的视点——改革推进者们的记录》，行政，2003。

空井护：《作为自民党一党支配体制的形成过程的石

桥·岸政权》（1957~1960年），《国家学会杂志》1993年第106卷1、2号。

空井护：《日本社会党的中小零散企业者组织化活动》，《法学》（东北大学）1998年第61卷第6号。

武川正吾：《连带与承认——全球化与个人化中的福利国家》，东京大学出版会，2007。

竹中治坚：《首相支配——日本政治的改变》，中公新书，2006。

田多英范：《现代日本社会保障论》，光生馆，1994。

建林正彦：《中小企业政策与选举制度》，日本政治学会编《年报政治学1997危机中的日本外交——70年代》，岩波书店，1997。

田中角荣：《日本列岛改造论》，日刊工业新闻社，1972。

田名部康范：《日本保守势力下的福利国家的诸多潮流——以20世纪50年代为中心》，社会政策学会第115届大会报告文件，2007。

富永健一：《社会变动中的福利国家——家庭的失败与国家的新机能》，中公新书，2001。

中北浩尔：《1955年体制的成立》，东京大学出版会，2002。

中野实：《现代日本的政策过程》，东京大学出版会，1992。

西冈晋：《政策媒体论·言论分析》，县公一郎、藤井浩司编《Kolleg政策研究》，成文堂，2007。

日本经营者团体联盟编《福利厚生合理化的基本方向》，日本经营者团体联盟弘报部，1965。

参考文献

日本经营者团体联盟编《能力主义管理的理论与实践》，日本经营者团体联盟弘报部，1969。

野村正实：《雇佣的不安》，岩波新书，1998。

早川纯贵：《有关福利国家的政策过程——1984年健康保险法修订过程的事例研究（一）（二）》，《法学论集》（驹泽大学）第43号、《政治学论集》（驹泽大学）第33号，1991。

樋口美雄：《日本需要由地区决定的雇佣战略的理由》，樋口美雄、S. Giguere、劳动政策研究、研修机构编《地区的雇佣战略——从七个国家的经验中学习"地方的对策"》，日本经济新闻社，2005。

广井良典：《日本的社会保障》，岩波书店，1999。

广井良典：《可持续性福利社会——"另一个日本"的构想》，筑摩新书，2006。

广濑道贞：《补助金与执政党》，朝日新闻社（朝日文库，1993年），1981。

樋渡展洋：《战后日本的市场与政治》，东京大学出版会，1991。

樋渡展洋：《55年体制的"终结"与战后国家》，*LEVIATHAN* 1995年第16号。

古川孝顺：《社会福利的范式转变——政策和理论》，有斐阁，1997。

堀江孝司：《现代政治与女性政策》，劲草书房，2005。

堀胜洋：《日本型福利社会论》，《季刊社会保障研究》，1981，第17卷第1号。

正村公宏：《战后史》下，筑摩书房（筑摩文库，1990年），1985。

福利政治

升味准之辅：《现代政治——1955年以后》下，东京大学出版会，1985。

町田俊彦：《地方财政向着公共投资扩大的动员——地方独立事业的扩大与地方债、地方补助金的一体化活用》，《专修经济学论集》1997年第32卷第1号。

待鸟聪史：《90年代不是"失去的十年"——支撑着小泉长期政权的政治改革成果》，《中央公论》2005年4月号。

三浦文夫：《增补修订 社会福利政策研究——福利政策和福利改革》，全国社会福利协议会，1995。

三浦MARI：《劳动市场规制与福利国家——国际比较和日本的定位》，埋桥孝文编《讲座 福利国家的走向二——比较中的福利国家》，MINERVA书房，2003。

御厨贵：《国土计划和开发政治——日本列岛改造与高度增长的时代》，日本政治学会编《现代日本政官关系的形成过程》，岩波书店，1995。

宫本太郎：《比较福利国家的理论和现实》，冈泽宪芙、宫本太郎编《比较福利国家论——动摇与抉择》，法律文化社，1997。

宫本太郎：《名为福利国家的战略——瑞典型的政治经济学》，法律文化社，1999。

宫本太郎：《福利体制论的展开与课题——超越艾斯平－安德森?》，埋桥孝文编《讲座 福利国家的走向二——比较中的福利国家》，MINERVA书房，2003。

宫本太郎：《工作福利制改革和其反提案——向着新的合作?》，《海外社会保障研究》2004年第147号。

宫本太郎：《福利国家的重组与话语政治——新的分析框架》，宫本太郎编《比较福利政治——制度转变的角色和

参考文献

战略》（比较政治丛书2），早稻田大学出版部，2006a。

宫本太郎：《后福利国家的统治——新政治对抗》，《思想》2006年b第993号。

宫本太郎：《新的社会风险与人生前半期·中期的社会保障》，《NIRA政策研究》2006年c第19卷第2号。

村上泰亮：《新中产阶级大众的时代——战后日本的解剖学》，中央公论社（中公文库，1987），1984。

村上泰亮、蜡山昌一等：《生涯设计（生活周期）计划——日本型福利社会的前景》，日本经济新闻社，1975。

村松岐夫：《福利政策的政治过程》，《季刊社会保障研究》1983年第19卷第3号。

山口二郎：《大藏官僚支配的终结》，岩波书店，1987。

山口二郎：《政治改革》，岩波书店，1993。

山口二郎、宫本太郎：《日本人在期待怎样的社会经济体系》，《世界》2008年3月号。

山崎广明：《日本老龄年金制度的发展过程——以厚生年金制度为中心》，东京大学社会科学研究所编《福利国家五——日本的经济和福利》，东京大学出版会，1985。

山本卓：《R.M.蒂特马斯的战争与福利——对"战争和社会政策"的重新思考》，日本政治学会编《年报政治学2007 I 战争和政治学》，木铎社，2007。

横山和彦：《战后日本的社会保障的展开》，东京大学社会科学研究所编《福利国家 五——日本的经济和福利》，东京大学出版会，1985。

横山和彦：《"福利元年"之后的社会保障》，东京大学社会科学研究所编《转变时期的福利国家》下，东京大学出版会，1988。

横山和彦、田多英范编《日本社会保障的历史》，学文社，1991。

吉田建夫：《所得差距——认识税制的再分配机能》，小泉进、本间正明编《日本型市场体系的解析——日本经济的新视角》，有斐阁，1993。

吉原健二、和田胜：《日本医疗保险制度史》，东洋经济新报社，1999。

临时行政调查会（第二临调）：《临调紧急建议——临时行政调查会第一次答辩》，行政管理研究中心，1981。

临时行政调查会（第二临调）：《临调基本答辩——临时行政调查会第三次答辩》，行政管理研究中心，1982。

渡边治：《现代日本社会与社会民主主义》，东京大学社会科学研究所编《现代日本社会 五——机构》，东京大学出版会，1991。

英文文献

Annesley, Claire and Andrew Gamble, 2004, "Economic and Welfare Policy" Steve Ludlam and Martin J. Smith eds., *Governing as New Labour: Policy and Politics under Blair*, Plagrave.

Aoki Masahiko, 2001, *Toward a Comparative Institutional Analysis*, MIT Press. （泷泽弘和·谷口和弘译《面向比较制度分析》NTT 出版）

Bachrach, Peter and Morton S. Baratz, 1963, "Decisions and Non-Decisions: An Analytical Framework," *American Political Science Review*, Vol. 57, No. 3.

Blyth, Mark, 2002, *Great Transformations: Economic Ideas and Institu-tional Change in the Twentieth Centry*, Cambridge

参考文献

University Press.

Burniaux, Jean-Marc et al., 1998, "Income Distribution and Poveryt in Selected OECD Countries," OECD Economics Department Working Papers, No. 189, OECD Economics Department.

Calder, Kent E., 1988, *Crisis and Compensation: Public Policy and Poli-tical Stability in Japan, 1949 – 1986*, Princeton University Press. (淑子 Calder 译《自民党长期政权的研究——危机和补助金》文艺春秋，1989 年)

Campbell, John Creighton, 1992, *How Policies Change: The Japanese Government and the Aging Society*, Princeton University Press. (三浦文夫·坂田周一编译《日本政府与高龄化社会——政策转变的理论和验证》中央法规出版，1995 年)

Eardley, Tony et al., 1996, *Social Assistance in OECD Countries: Synth-esis Report, Department of Social Security Research Report*, No. 46, Sta-tionery Office.

Ebbinghaus, Bernhard, and Philip Manow, 2001, "Introduction: Studing Varieties of Welfare Capitalism," Bernhard Ebbinghaus and Philip Manow eds., *Comparing Welfare Capitalism: Social Policy and Political Economy in Europe, Japan and the USA*, Routledge.

Esping-Andersen, Gøsta, 1990, *The Three Worlds of Welfare Capitalism*, Polity Press. (冈泽宪芙·宫本太郎编译《福利资本主义的三个世界——比较福利国家的理论和动态》MINERVA 书房，2001 年)

Esping-Andersen, Gøsta and Walter Korpi, 1984, "Social

Policy as Class Politics in Post-war Capitalism: Scandinavia, Ausria, and Germany," John H. Goldthorpe ed., *Order and Conflict in Contemporary Capitalism: Studies in the Political Economy of Western European nations*, Oxford University Press.

Förster Michael and Mark Pearson, 2002, Income Distribution and Poverty in the OECD Area: Trends and Driving Forces, OECD Economic Studies, No. 34.

Glddens, Anthony, 1991, *Modernity and Self-Identity: Self and Society in the Late Modern Age*, Polity Press. (秋吉美都·筒井淳也译《现代性与自我同一性——后期近代中的自我与社会》Harvest 出版社，2005 年)

Glddens, Anthony, 1994, *Beyond Left and Right: The Future of Radical Politics*, Polity Press. (松尾精文·立松隆介译《超越左派右派——激进政治的未来型》而立书房，2002 年)

Hacker, Jacob S., 2005, "Policy Drift: The Hidden Politics of US Welfare State Retrenchment," Wolfgang Streeck and Kathleen Thelen eds., *Beyongd Continuity: Institutional Change in Advanced Political Economies*, Oxford University Press.

Hall, Peter, 1993, "Policy Paradigms, Social Learning, and the State: The Case of Economic Policymaking in Britain," *Comparative Politics*, Vol. 25, No. 3.

Hall, Peter and David Soskice, 2001, "An Introduction to the Varieties of Capitalism," Hall, Peter and David Soskice eds., *Varieties of Capitalism: The Institutional Foundations of Comparative Advantage*, Oxford University Press. (远山弘德·安孙子诚男等译《资本主义的多义性——比较优势的制度

参考文献

基础》Nakanishiya 出版社，2007 年）

Hedborg, Anna and Rudolf Meidner, 1984, *Folknems modellen*, Rabén & Sjögren.

Hemerijck, Anton and Kees va Kersbergen, 1999, "Negotiated Policy Change: Towards a Theory of Institional Learning in Tightly Coupled Welfare State," Dietmar Braun and Andreas Busch eds. , *Public Policy and Political Ideas*, Edward Elgar.

Huber, Evelyne, Charles Ragin, and John D. Stephens, 1993, "Social Demo-cracy, Christian Democracy, Constitutional Structure, and the welfare State," *American Journal of Sociology*, Vol. 31, No. 3.

Huber, Evelyne and John D. Stephens, 1998, "Internationalization and the Social Democratic Model: Crisis and Future Prospects," *Comparative Political Studies*, Vol. 31, No. 3.

Huber, Evelyne and John D. Stephens, 2001, *Development and Crisis of the Welfare State: Praties and Policies in Global Markets*, University of Chicago Press.

Jenson, Jane and Denis Saint-Martin, 2002, "Building Blocks for a New Welfare Architecture: From Ford to LEGO?" Paper presented at the annual meeting of the American Political Sceience Association, Boston, August 2002.

Kingdon, John W. , 2003, *Agendas, Alternatives, and Public Policies*, 2nd ed. , Longman.

Korpi, Walter, 1983, *The Democratic Class Struggle*, Routledge & Kegan Paul.

Korpi, Walter and Joakim Palme, 2003, "New Politics

and Class Politicsinthe Context of Austerity and Globalization: Welfare State Regress in 18 Countries, 1975 – 95," *American Political Science Review*, Vol. 97, No3.

Lehmbruch, Gerhard, 1984, "Concertation and the Structure of CorporatistNetworks," John H. Goldthorpe ed., *Order and Conflict In Contemporary Capitalism: Studies in the Political Economy of Western European Nations*, Oxford University Press.

Lijphart, Arend, 1999, *Patterns of Democracy: Government Forms and Per-formance in Thirty-Six Countries*, Yale University Press. （粕谷祐子译《民主主义与民主主义——多数决定型与一致同意型的36个国家的比较研究》劲草书房，2005年）

Lowi, Theodore J., 1979, *The End of Liberalism: The Second Republic of the United States*, 2nd ed., W. W. Norton. （村松岐夫编译《自由主义的终结——现代政府的问题性》木铎社，1981年）

Lukes, Steven, 2005, *Power: A Radical View*, 2nd ed., Palgrave Macmillan.

Mares, Isabela, 2003, *The Politics of Social Risk: Business and Welfare State Development*, Cambridge University Press.

Mishra, Ramesh, 1984, *The Welfare State in Crisis: Social Thought and SocialChange*, Wheatsheaf Books.

OECD, 2006, *OECD Economic Survey of Japan 2006*.

Okimoto, Daniel I., 1989, *Between MITI and the Market: Japanese Industrial Policy for High Technology*, Stanford University Press. （渡边敏译《通产省与高科技产业——制造日本的竞争力的机制》Simul出版会，1991年）

参考文献

Orloff, A. S. and Theda Skocpol, 1984, "Why Not EqualProtection?: Explai-ning the Politics of Public Socail Spending in Britain, 1900 – 1911, and the United States, 1880s – 1920," *American Sociological Review*, Vol. 49, No. 6.

Pempel, T. J., 1998, *Regime Shift: Comparative Dynamics of the Japanese Political Economy*, Cornell University Press.

Pierson, Paul, 1994, *Dismantling the Welfare State?: Reagan, Thatcher and the Politics of Retrenchment*, Cambridge University Press.

Pierson, Paul, 2000, "Increasing Returns, Path Dependence, and the Study of Politics," *American Policital Science Review*, Vol. 94, No. 2.

Pierson, Paul, 2001, "Coping with Permanent Austerity: Welfare State Restructuring in Affluent Democracies," Paul Pieron ed., *The New Politics of the Welfare State*, Oxford University Press.

Poguntke, Thomas and Paul Webb, 2005, "The Presidentialization of Politics in Democratic Societies: A Framework for Analysis," Thomas Poguntke and Paul Webb eds., *The Presidentialization of Politics: A Comparative Study of Modern Democracies*, Oxford University Press.

Schickler, Eric, 2001, *Disjointed Pluralism: Institutional Innovation and the Development of the U. S. Congress*, Princeton University Press.

Schmidt, Vivien A., 2000, "Values and Discourse in the Politics of Adjustment," Fritz W. Scharpf and Vivien A. Schmidt eds., *Welfare and Work in the Open Economy*, Vol. 1, *From Vulnerability to Competitiveness*, Oxford University Press.

Schmidt, Vivien A., 2002, "Does Discourse Matter in the Politics of Welfare State Adjustment?" *Comparative Political Studies*, Vol. 35, No. 2.

Schmidt, Vivien A., 2003, " ' How, Where, and When does Discourse Matter inSmall States ' Welfare State Adjustment?" *New Political Economy*, Vol. 8, No. 1.

Skocpol, Theda, 1995, *Social Policy in the United States: Future Possibiities in Historical Perspective*, Princeton University Press.

Streeck, Wolfgang and Kathleen Thelen, 2005, "Introduction: Institu-Tional Change in Advanced Political Economies," Wolfgang Streeck and Kathleen Thelen eds., *Beyong Continuity: Institutional Change in Advanced Political Economies*, Oxford University Press.

Swenson, PeterA., 2002, *Capitalists against Markets: The marking of Labor Markets and Welfare States in the United States and Sweden*, Oxford University Press.

Tarrow, Sidney, 1977, *Between Center and Periphery: Grassroots Politi-cians in Italy and France*, Yale University Press.

Taylor-Gooby, Peter, 2004, "New Risks and Social Change," Peter Taylor-Gooby ed., *New Risks, New Welfare: The Transformatin of the Euro-pean Welfare State*, Oxford University Press.

Thelen, Kathleen, 2003, "How Institutions Evolve: Insights form Compa-rative Historical Analysis," James Mahoney

参考文献

and Dietrich Rueschemeyer eds. , *Comparative Historical Analysis in the Social Sciences*, Cambridge University Press.

Weaver, R. Kent, 1986, "The Politics of Blame Avoidance," *Journal of Public Policy*, Vol. 6, No. 4.

Wilensky, Harold L. , 1975, *The Welfare State and Equality: Structural and Ideological Roots of Public Expenditures*, University of California Press. (下平好博译《福利国家与平等——公共支出的结构性的·意识形态的起源》木铎社,1984年)

Wolferen, Karel van, 1989, *The Enigma of Japanese Power: People and Politics in a Stateless Nation*, Macmillan. (筱原胜译《日本/权利结构之谜》上·下,早川书房,1990年)

致进一步阅读的读者

福利政治论的视野很宏大，政治学自不用说，社会政策学、社会学、财政学等也横贯其中。凭借笔者的专业和能力，要想介绍有关所有领域的文献是很困难的。在这里限定于政治学的领域，通过体制论、福利政治分析、日本的福利政治这三个方面为进一步阅读的读者提供一些指南。

关于福利体制和雇佣体制

要想深入理解福利政治，需要尽可能全面地理解生活保障的制度体系。因为某个政治主张是在宏大的制度文脉中被制定的。但是，由于社会保障或雇佣体制本身非常复杂（要想从整体上理解尚且不易，更何况是通过比较的视点来理解了）。所以，像体制论这样的分析框架就尤为重要了。试着在这种框架中进行定位并加深对各个制度的理解，也许能引起兴趣，至少笔者是这样认为的。当然，体制论这样的大框架也会带来一种"似乎懂了"的副作用，这一点值得注意。对于体制论的框架需要不断地从单个制度或现实的变化中重新验证。

关于构成本书框架的比较体制分析，笔者在福利体制方面，以艾斯平-安德森的主要著作《福利资本主义的三个世界——比较福利国家的理论和动态》（冈泽宪芙、宫

致进一步阅读的读者

本太郎编译，MINERVA 书房，2001）为基础文献。从艾斯平－安德森的理论中找到比较福利研究的谱系，克里斯托弗·皮尔森著，田中浩、神谷直树译《走到拐角的福利国家——福利的新政治经济学》（未来社，1996）可以提供简图。

本书中所说的雇佣体制的想法基于大卫·索斯吉斯等人的生产体制论，有关生产体制论的基础文献也有译本。彼得·霍尔、大卫·索斯吉斯编，远山弘德、安孙子诚男等译《资本主义的多义性——比较优势的制度基础》（Nakanishiya 出版社，2007）就是其一。另外，科林·克劳奇、沃尔夫冈·施特雷克编，山田锐夫译《现代的基本主义制度——全球化和多样性》（NTT 出版，2001）是以包括调节理论学派等在内的、更加多样性的方法进行的研究。在第 6 章中，国际政治经济学的苏珊·斯特兰奇对比较政治经济学提出了严厉的评论，这一点很有意思。新川敏光、井户正伸、宫本太郎、真柄秀子的《比较政治经济学》（有斐阁 ARMA，2004）对比较体制的理论发展进行了梳理。

日本的政治学界也并没有放松对福利国家的比较分析。日本政治学会编《年报政治学 1988——转换期的福利国家与政治学》（岩波书店，1989）、田口富久治编《凯恩斯主义福利国家——发达六国的危机与重组》（青木书店，1989）等就是先驱成绩。

在各国分析中关于西欧或美国的成果比较多。受篇幅所限，笔者只列举强烈认识到福利政治的专著，即使如此，也能列出以下诸多作品：冈泽宪芙《瑞典的现代政治》（东京大学出版会，1988）、坪乡实《新的社会运动与绿党——在福利国家的动摇之中》（九州大学出版会，1989）、近藤康史《个人的连带——"第三道路"之后的社会民主主义》（劲草书房，2008）、小堀真裕《撒切尔主义和布莱尔政治——合意的变容、规制国家的强化、新的左右轴》（晃洋书房，2005）、水岛治郎《战后荷兰的政治结构——新社团主义与所得政策》（东京大学出版会，2001）、西山隆行《美国型福利国家和城市政治——纽约市的城市自由主义的展开》（东京大学出版会，2008），此外还有历史研究的田中拓道《贫困与共和国——社会性连带的诞生》（人文书院，2006）。

福利政治分析的理论

福利政治之所以用通常的办法理解不了，是因为其制度体系非常复杂，再加上与制度规划的战略又相互联系，从而出现了各种各样的话语和想法。近年来在日本，"社会性包容""再挑战""参与保障""全员参与型社会"等话语不断被提出，要想辨别哪种话语是出自哪个立场的议论（如果不在一定程度上通晓事由）是很难的。工会曾经提倡"阶级利益"、自民党以"保卫自由社会"来回应的年代甚至令人怀念。但是也可以看出，"阶级"社会的分割反而正在加剧。

为了分析这种发展变化，将制度分析与话语分析相结合的理论尝试正在扩大。在这一方面日语文献还很少，宫本太郎编《比较福利政治——制度转变的角色和战略》（比较政治丛书2，早稻田大学出版部，2006）、日本政治学会编《年报政治学2006 Ⅱ 政治学的新潮流——面向21世纪的政治学》（木铎社，2007）、县公一郎、藤井浩司编《Kolleg政策研究》（成文堂，2007）等书中汇集了紧跟新动向的论考。新川敏光、G. Bonoli 编,新川敏光监译《年金改革的比较政治学——途径依存性与逃避责备》(MINERVA 书房,2004)将"逃避责备"的政治论改编成了比较分析的框架。

虽然话语政治中的"社会性包容"或"再挑战"型话语的减少看起来与战后相对平等的社会开始瓦解的事实相矛盾,但其实二者是有关联的。正因为人们在通过社会保险等连带起来时遇到了困难,所以才沿着支援自立的方向摸索新的解决办法。日本政治学会编《年报政治学 2006 I 平等与政治》(木铎社,2006)从社会性别、意识调查、城市与地方等多种角度追溯了平等结构和政治的变容。宫本太郎编《福利国家重组的政治》(讲座 福利国家的走向1,MINERVA 书房,2002)在体制分析的基础上,考察了福利改革的政治。

政治思想研究界也开始追问,在这种情况下是否所有的连带都有可能,斋藤纯一编《福利国家/社会性连带的理由》(讲座 福利国家的走向5,MINERVA 书房,2004)针对更加普遍的社会性连带进行了细致、卓有成效的思考。诺曼·巴利、齐藤俊明、法贵良一等译《福利——用政治哲学的研究方法》(昭和堂,2004)、金田耕一《现代福利国家与自由——后自由主义的展望》(新评论,2000)可以提供许多有关自由主义后退、新自由主义台头之后的福利情况。

日本的福利政治

作为通史论述日本福利政治的著作,首先笔者要列举的便是新川敏光的《日本型福利体制的发展与变容》(MINERVA 书房,2005),在体制论的基础上作者进行了严谨的分析。读者应该同该作者的《幻觉中的社会民主主义》

（法律文化社，2007）结合起来一起阅读。从比较的观点对日本型福利体制、雇佣体制的特点和形成过程进行详细叙述的是樋渡展洋《战后日本的市场与政治》（东京大学出版会，1991），这本书也很重要。John·C. Campbell 著，三浦文夫、坂田周一编译《日本政府与老龄化社会——政策转变的理论与实践》（中央法规出版，1995）是美国政治学家追踪日本老年人政策转变的力作。

如果分别从政策、制度领域来看日本的福利政治，在年金方面，中野实的《现代日本的政治过程》（东京大学出版会，1992）揭示了导入基础年金的政治过程。而北冈伸一、田中爱治编《年金改革的政治经济学——超越世代之间的差距》（东洋经济新报社，2005）则从舆论动向、政治家的态度、行政组织之间的关系等多个视角揭示了至2004年年金改革的政治过程。在医疗方面，池上直己、John·C. Campbell 的《日本的医疗——统制与平衡感》（中公新书，1996）从制度论的视角进行了探讨，中静未知的《医疗保险的行政和政治——1895～1954》（吉川弘文馆，1998）则从历史的角度对制度的形成进行了分析。在女性政策方面有堀江孝司的《现代政策与女性政策》（劲草书房，2005）。

在税制方面，加藤淳子的《税制改革和官僚制》（东京大学出版会，1997）分析了大平内阁之后的税制改革的发展。在福利和行政的关联方面，新藤宗幸的一系列著作对福利政治论有着巨大的启示，这里笔者想列举的是本书也引用到的近作《财政投融资》（行政学丛书2，东京大学出版会，2006）。另外，武智秀之的《福利行政学》（中央大学出版部，2001）对福利行政的分权化和多元化进行了理论性的分析。

　　福利政治与劳动政治密切相关。筱田彻的《世纪末的劳动运动》（岩波书店，1989）在考察日本的劳工组织的政策参与领域是先驱性的成果。久米郁男的《劳动政治——战后政治中的劳工组织》（中公新书，2005）分析了以第二临调为核心的劳动政治的转变。五十岚仁的《劳动政策》（国际公共政策丛书11，日本经济评论社，2008）是政治学者对劳动政策进行的系统考察。

人名索引

艾斯平 - 安德森（Gøsta Esping- Andersen） 4，9，12 – 16，33，44，51
岸信介 51～53
白波濑佐和子 113
北山俊哉 17
贝弗里奇（William Henry Beveridge） 16，49，136
池田勇人 52，55
村山富市 115
村上泰亮 75
村松岐夫 32
大来佐武郎 51，55
大平正芳 76，81
大泽真理 14，126，128
蒂特马斯（Richard Morris Titmuss） 49
福田赳夫 80
甘布尔（Andrew Gamble） 98
宫泽喜一 102
广濑道贞 79，87
哈克（Jacob S. Hacker） 42
海部俊树 115
霍尔（Peter A. Hall） 36
吉村仁 86
吉登斯（Anthony Giddens） 138
加尔德（Kent E. Calder） 61
金登（John W. Kingdon） 121
金丸信 89，101
橘木俊诏 106
凯恩斯（John Maynard Keynes） 16，36，135
科皮（Walter Korpi） 33，44
蜡山昌一 75
铃木善幸 81
芦田均 71

人名索引

马雷斯（Isabela Mares） 44

皮尔逊（Paul Pierson） 35，45，86

片山哲 71

前川春雄 79

桥本龙太郎 103，121

撒切尔（Margaret Hilda Thatcher） 37，45~47，74，77，88

三木武夫 75

三浦文夫 120

山口新一郎 86

神野直彦 112，149

施密特（Vivien A. Schmidt） 4，39，76

石川真澄 79

石桥湛山 52

石田博英 58

斯考切波（Theda Skocpol） 44

斯文森（Peter A. Swenson） 44

索斯吉斯（David Soskice） 4，16

太田薰 65

田中角荣 57

土光敏夫 76

韦弗（R. Kent Weaver） 34

沃佛仁（Karel van Wolferen） 79

沃格尔（Ezra Feivel Vogel） 78

西伦（Kathleen Thelen） 40，70

细川护熙 102

下河边淳 58

香山健一 76

小渕惠三 104

小泽一郎 103

新川敏光 35，87，149

新藤宗幸 87，98

野田卯一 53

伊藤光利 93

苅谷刚彦 105

隅谷三喜男 123

宇野宗佑 115

园田直 68

中曾根康弘 74，82，89

猪濑直树 102

竹下登 91

佐藤荣作 56

事项索引

20 世纪 80 年代的福利政治　6，74
21 世纪福利前景　122
401k 计划　41
family·friendly　138
KU-RO-YON　89，90
MOSS 协议（各领域市场指向型协议）　78
Work·Life·Balance　138
安倍政权　107，141
百货店法　60
保健医疗制度　42
保守合同　51，52
保守主义体制　9～15，22，47，48，73，125
保险费固定方式　127
贝弗里奇报告　49
比例代表制　10，32，39
不决定　28～30
不增税的财政重建　80，87～89

布莱尔政权　47
财政结构改革法　104
财政制度审议会　70
残疾人福利法　50
差距社会　4，104，106，107
产业政策　6，17，61，63～65，72，74，93，94，131，132
长期雇佣惯例　21，61，63，103，108，109，132
城市政策大纲　58
耻辱感（stigma）　129
春斗　64，65，92，93
措施制度　124
大藏省　55，60，68，69，80，81，88～91，121，122
大规模零售店铺法　60，112
大企业劳资　93，94，132

176

事项索引

大企业劳资联合　132
丹麦　9，134
德国　9，12，13，22，24，26，41，73，125
低生产率部门　5，20，21，63～65，74，93，101，106，131，134
地方债　95，96，98，102，110
地区开发　55～58，70
地区综合调整事业债（地综债）　96
第二临调　76，79，82，89，93，97，103，120
第三受保者　127
第三条路　47，141
第一次石油危机　69
电产型工资系统　61
调整性市场经济　77
独立事业　79，95，96，100，110，111，132
多党制　32，39
多元主义　31～33
儿童补助　67，82，86
儿童福利法　50
儿童抚养补助（法）　114，115，119，129

儿童虐待　137
发行债券许可制　96
法定外福利费用　62
法国　9，13，24，50，73
范式迁移　36
放宽限制　97
非营利组织　144，146
非正式从业人员　110
分割式政治　7，131
分隔型生活保障　6，7，24～26，64，89，105，131，134
分类主义　114，118，120，125
福利服务　9，32，66，121，122，125，129
福利共战　68
福利国家　2，4，5，9，12～18，22，31，32，39，43～45，48，51～56，69，71，72，77，78，80，112，114，118，125，131，132，140，145，147
福利三法体制　50
福利体制　4，5，7～12，15～17，22～25，30，

177

34，38，43～45，47，48，57，62，65，66，69，70～76，78，80，86～88，92，100，101，112～114，120，125，128，130，131，133～136，139～141，143，145，146

福利体制的类型论 44

福利削减 33，45，46，76，77，82，83，86～88，98，114，120

福利体制的形成 48

福利体制的制度性特征 48

福利体制的重组 100，101，113，114，120，128

福利体制论 4，5，8

福利元年 6，33，45，66，67，69，88

福利政治 1，3～8，27，28，30～35，39，40，42～46，48，69，74，80，88，100，131，132，134，135，138～140，143～147

福利政治的多元化 32

福利治理 145，147

高比率补助金 120

高生产率部门 21，23，61，63，64，74，93，101，131，133，134

革新自治体 68

个别利益 27，28，30，31，38

个人单位化 127

个人退休金账户 41

根本性的制度转变 37

工资交涉制度 20

工作福利 118，119，125，128～130

工作穷人 134

公共扶助 1，8，9，11，12，22，118，119，136，138

公共服务 1，9，23，24，47，72，146，147

公共话语 39，40，76，104，108

公共事业 6，15，21，26，35，42，58，59，60，63，70，72，79，80，88，89，95～100，104，110，111，131～133

事项索引

公共事业费用 59，70，104

公债 69，74，80，81，88，102，131

股份的相互持有 108

骨太方针 110，117，127，141

雇佣保障 1，2，5，6，15，17，21，23～26，72，125，131，148

雇佣体制 5～8，15～24，26，34，43～48，55，57，58，61，63～66，68～75，78～80，87，88，92～94，98，100，103～106，108，110，112，114，128～131，133～136，138，139，140，141，143，145，146

雇佣体制的解体 100，104，112

雇佣体制的形成 5，55，57，63，69

观念（idea） 9，29，36，37，85，120

官僚主导型 32

归还制的税额扣除 135

国家主义 45，51～55，69，141

国民负担率 83

国民健康保险法 49，55

国民年金法 54

国民收入倍增计划 55，56

国民收入倍增计划的构想 56

过度的平等社会 104～107

合格年金 66

和平问题 71，72

横向分割 131

横向"两只船" 132

宏观经济浮动 116，127

厚生年金保险法 54，62

厚生年金基金 62，66

厚生族 32，33

护理保险 120～126，129，130，146

话语 3～7，27～30，33，34，36～40，43，46，76，87，94，97，98，101，104，105，106，108

话语政治（论） 4，5，27～30，33，34，36，

38，39，46，87，94，97，98，101，105，106，108

货币主义 36，37

基础年金 33，54，83～86，115，116

基督教民主主义 10，12，14，51

基尼系数 11，12，22，26，88，101，105，112，113，132

《家庭暴力防治法》 142

家庭工资 21，24

家庭主义 12，24，125，127，131

减量经营 92

减税 90，91，92，97

《健康保险法》 33，49，84，86，116

渐增主义 36

交流话语 39，40，76，108

皆保险、皆年金 5，50，51，54，65，67，71

结构改革 4，6，7，29，37，38，47，74，79，99～104，106，110，112，117，120，124，126，127，129，130，133，142

结果平等 104，105

解放的政治 138

经济财政咨询会议 37，107，110，117

经济企划厅 51，52，55

经济同友会 61，81

经济团体联合会（经团联） 61

经济战略会议 105

《精神薄弱者福利法》 66

就业支援服务 135

就业自立 118，119

剧场政治 39，108

开发主义 42，48，51，70

凯恩斯主义 36，135

克林顿政权 47

蓝色申报制度 85

劳动力的非正规化 106

劳动市场 10，11，15～18，21～23，42，58，59，64，72，115，133

劳动市场体制 16

《劳动者年金保险法》 49

劳动者派遣法 109

事项索引

劳工组织 9，10，30，37，38，41，44，60，64，74

老年人保健福利计划 122

老年人保健福利审议会 123

《老年人福利法》 66，122

老年人问题 65，66，88，121

老年人医疗费用的无偿化 67，68

里根政权 45，46，74，95

利库路特事件 92，101，121

利权的增殖 6

利益 3～6，26，27，28～38，41，43，64，69，72～75，79，86，87，89～91，94，95，97～99，102，103，107，126，132～134

利益政治 5，27，31，69

连带性工资政策 20，23

两大政党制度 1，39

灵活保障（flexi-curity） 134

灵活的收入保障 146

零概算要求基准 89

领导者竞争型 144

六大改革 103，126

六项税制改革 91

媒体政治 39

美国 3，9，12，13，18，22，23，26，31，35，41，42，44，45，55，74，78，86，88，102～104，112，114，118，119，143

"美丽国家"路线 141

民活法 97

民社党 71

民主党 21，44，52，107，115，116，142

《母子福利法》 66

男女共同参与 115，125～127，142，143

男女共同参与2000年计划 126

男女共同参与社会 126，127，142，143

男女共同参与社会基本法（案） 126，142，143

男女共同参与审议会 126

男女共同参与推进本部

181

126

能力主义管理 62

年功制 61~63

年金权的分割 127

配偶特别扣税制 85,127

普遍主义 7,9,13,23,73,114,115,120,121,123~125,128~130,142

普遍主义改革 120,121,124,129,130,142

前半人生的社会保障 113

前川报告 75,79,80,97,103,111

圈地社会 26

权利资源动员论 33,44

全方位政党（catch-all party） 72,73

全国综合开发计划（全综） 56,57

认可的政治 7,140

日本工会总联合会（联合） 94

《日本列岛改造论》 58,59

日本式经营 2,6,46,47,63,92,100,103,108,109,112

日本型社会民主主义 72

日本医师协会 83,86

日本异质论 79

日美结构协议（SII） 102

日美综合经济协议 102

瑞典 9,15,17~21,23,26,31,41,58,64,72

撒切尔政权 45,46,74

三位一体改革 100,113

社会包容 115

社会保障支出 13~15,22,24,25,32,40,45,47,66,69,70,88,104,113,118

社会保障制度审议会 54,123,125

社会关系资本 145

社会开发 57

社会民主主义 9~11,13,14,23,33,38,41,44,51,71~73,141,142

社会民主主义体制 9~11,13,14,23,33,72,73

社会事业法 124

社会性别平等 126,142,

事项索引

143
社会支出　9，17，18
生产体制（论）　4，5，16，17，77
生产主义的福利国家　52
生活保护的保护率　128
生活保护自立支援项目　119，129
生活保障　1～8，15，16，22～27，29，37，40，46～48，50，56，64～66，80，85，87～89，92，100，102，105，106，114，115，125，128～131，134，135，137，139，140，141，144
生活政治　7，131，137～146
失业率　13，18～20，23，61，72，109
石油危机　15，45，69，78，92，93
视同法人制度　89
收获递增　46
收获业绩的政治　34
受益者团体　31，33，37，46，87
双重结构　51，54，56
税制改革　3，6，30，74，88～92，95，97，99，112，132
所得税与法人税的减税　91
锁定（lock in）效果　46
逃避责备　28～30，34，35，40，46，87，98，144
逃避责备的政治　28～30～34
特殊财务　97～99，102，133
体制　2，4～26，30，34，37～39，43～51，55，57，58，61～66，68～80，86～88，92～94，98，100，101，103～106，108，110，112～114，117，120，124，125，127～136，138～141，143，145，146
体制转变　33
天使计划　122
田中内阁　58，66，68，80，86，94

通产省 63

土建国家 2，5，17，46，
　47，57~59，80，112

团体协调主义 31~33，
　36，38

退休人员医疗制度 84

威斯敏斯特式 31，32，
　108

文化政治 72

五五年体制 51

夕张市 99，113

先驱新党 103，115，123，
　126

宪法问题 71

相对贫困率 11，101，112

相互认可的政治 7

消费税 81，88~92，115，
　121，122

小福利国家 2，125，131

小选举区制 10，31，39，
　108

小政府 22，29，35，93，
　94，97，98，115，126，
　132

心理疾病 136

新保守主义 95，141

新的政治对立轴 137，139

新黄金计划 122

新进党 103

新经济社会7年计划 77

新全国综合开发计划 57

新社会民主主义 141，142

新自由主义 22，46，72，
　74，75，77，78，127，
　132，141，142

行政改革 3，6，35，46，
　74，82，87，89，90，
　92，93，95，100，101，
　103，104，132

行政改革推进审议会（行
　革审） 89

行政指导 21，60，64，
　72，78

选举制度改革 108

选择性夫妇别姓 142

业界团体 30，38

一般消费税 81，88，90

医疗辅助保险 42

议会内阁制 38，108

意识形态对立 71

英国 9，13，22，23，35，
　36，45，47，49，50，
　74，77，88，108，114，
　118，119，138

事项索引

营业税 90，91
有关自身利益的认识 30
有组织性的劳动运动 45
再分配的政治 7，138，140
再分配率 25，26
战时体制 49
真正的利益 29
正的反馈 46
政治斗争过程 33
政治对立轴 71，137，139
政治改革 6，101~103
政治性庇护主义（clientelism） 73
支援费制度 125，130
《职员健康保险法》 49
制度层叠 41，42
制度的转变 4，40，42，114
制度黏性（Institutional Stickiness） 45，46，86
制度漂移 42
制度转换 40，42，43，69，70

中小企业金融 21，60，70
中央社会福利审议会 124
重视生活质量 139，144
重视生活质量的政治 139
主妇优待政策 85
自立支援 115，118，119，123，125，129，130
自民党 5，32，35，51~53，56，58，60，64，67~70，72，74，75，79，81，87~89，91，92，94，95，98，102~104，107，108，115，121，123，124，126，133，143
自我认同（identity） 38
自由主义体制 9~13，22，31，33
自治省 121
自助团体 144，146
纵向分割 131
纵向"两只船" 132
总统制化 38，40
最低收入保障 23，134

阅读日本书系选书委员会名单

姓名	单位	专业
高原　明生（委员长）	东京大学　教授	中国政治、日本关系
苅部　直（委员）	东京大学　教授	政治思想史
小西　砂千夫（委员）	关西学院大学　教授	财政学
上田　信（委员）	立教大学　教授	环境史
田南　立也（委员）	日本财团　常务理事	国际交流、情报信息
王　中忱（委员）	清华大学　教授	日本文化、思潮
白　智立（委员）	北京大学　政府管理学院　副教授	行政学
周　以量（委员）	首都师范大学　副教授	比较文化论
于　铁军（委员）	北京大学　国际关系学院　副教授	国际政治、外交
田　雁（委员）	南京大学　中日文化研究中心研究员	日本文化

图书在版编目（CIP）数据

福利政治：日本的生活保障与民主主义/（日）宫本太郎著；
周洁译.—北京：社会科学文献出版社，2015.6
（阅读日本书系）
ISBN 978 - 7 - 5097 - 7325 - 3

Ⅰ.①福… Ⅱ.①宫… ②周… Ⅲ.①福利制度 - 研究 -
日本 Ⅳ.①D731.37

中国版本图书馆 CIP 数据核字（2015）第 064727 号

·阅读日本书系·
福利政治
—— 日本的生活保障与民主主义

著　　者 /	宫本太郎
译　　者 /	周　洁
出 版 人 /	谢寿光
项目统筹 /	童根兴　胡　亮
责任编辑 /	胡　亮
出　　版 /	社会科学文献出版社·社会政法分社（010）59367156
	地址：北京市北三环中路甲 29 号院华龙大厦　邮编：100029
	网址：www.ssap.com.cn
发　　行 /	市场营销中心（010）59367081　59367090
	读者服务中心（010）59367028
印　　装 /	北京季蜂印刷有限公司
规　　格 /	开　本：787mm × 1092mm　1/16
	印　张：12.5　字　数：144 千字
版　　次 /	2015 年 6 月第 1 版　2015 年 6 月第 1 次印刷
书　　号 /	ISBN 978 - 7 - 5097 - 7325 - 3
著作权合同登 记 号 /	图字 01 - 2013 - 6959 号
定　　价 /	49.00 元

本书如有破损、缺页、装订错误，请与本社读者服务中心联系更换

▲ 版权所有 翻印必究